Paul Ingendaay
Gebrauchsanweisung für Spanien

Paul Ingendaay

GEBRAUCHS ANWEISUNG für

Spanien

Piper München Zürich

ISBN 978-3-492-27518-7
7. Auflage 2007
© Piper Verlag GmbH, München 2002
Gesetzt aus der Bembo-Antiqua
Gesamtherstellung: Clausen & Bosse, Leck
Printed in Germany

www.piper.de

Für Sue, Greta und Julián

Inhalt

Das runde Vorderlicht

Dieses Buch handelt von Verwunderungen und Verzauberungen, von Rätseln und Klischees. Seit es Werke über fremde Länder gibt, seien es Reiseberichte, gelehrte Abhandlungen oder Bücher wie dieses, kommt dem Augenpaar des Nichteingeweihten eine ehrenvolle Aufgabe zu. Denn hier ist die Ahnungslosigkeit des Ausländers ausnahmsweise von Vorteil: Sie erlaubt zu erkennen, was den Einheimischen nicht mehr auffällt. Und wenn man den ungetrübten Blick dann noch um ein paar Kenntnisse bereichert, könnte dabei, nun, nicht die Wahrheit herauskommen, aber möglicherweise ein Bild, das die fremden Länder einander leichter erklärbar macht. Und was sich verstehen läßt, läßt sich eher mögen. Restlos erklärbar sind Spanien und die Spanier ohnehin nicht. Im Zweifelsfall, und davon gibt es einige, habe ich eher Geschichten vertraut als stolzen Theorien.

Für eine Eigenschaft, die die Spanier sich selbst zuschreiben, den Neid, fand sich in diesem Buch nirgendwo ein Platz. Daher erwähne ich sie jetzt. Viele Spanier meinen, der Neid, *la envidia*, sei ein hervorstechendes Merkmal ihres Charakters. Ich bin froh darüber, daß ich das nicht bestätigen kann. Obwohl es mir zu denken gibt, daß die spanische Sprache zwischen gewöhnlichem Neid, *envidia*, und gesundem Neid, *envidia sana*, unterscheidet. Die erste Form bedeutet, daß man einem Menschen wirklich etwas neidet (und wegnehmen will), die zweite, daß man jemanden um etwas beneidet, das man ihm aber gönnt. Jetzt würde mich interessieren, ob auch wir Deutschen eine kollektive Schwäche haben, auf die wir uns einigen können. Und welche wäre das?

Viel mehr als vom Neid handelt dieses Buch von einer Eigenschaft, die sich hinter der Überschrift des ersten Kapitels verbirgt: der spanischen Großzügigkeit, *la generosidad*. Niemand wird empirisch ermitteln können, ob Großzügigkeit wirklich der markanteste Zug des spanischen Gemüts und spanischer Lebensart ist. Aber es steht wohl außer Frage, daß Reisende der letzten zweihundert Jahre, aus welcher Kultur sie auch kommen mochten, von der Geberlaune der Einheimischen beeindruckt waren und sie beschrieben haben. Der amerikanische Schriftsteller William Gaddis, in dessen erstem Roman *Die Fälschung der Welt* das Land tiefe Spuren hinterlassen hat, nannte diese Eigenschaft *generosity of spirit*, womit Geist, Gesinnung und Charakter gemeint waren. Die Formulierung ist nicht zu übertreffen. Sie enthält das Materielle und das Immaterielle, die Gesten der Gastlichkeit ebenso wie die Fähigkeit, sich die Nöte des anderen zu eigen zu machen, zu geben, zu teilen und über alldem die Zeit zu vergessen. Hinter der spanischen Großzügigkeit steht kein Kalkül.

Stellen wir uns eine junge Frau in Deutschland vor, die ein Ersatzteil für ihre Vespa braucht, sagen wir, ein Vorderlicht. Es handelt sich um ein älteres Modell, wie es heute nicht mehr hergestellt wird. Die junge Frau fährt mit ihrem Motorroller zur Vespa-Werkstatt, und der Händler sagt ihr: Nein, ein solches Licht führe er nicht, das kaufe niemand mehr. Wenn die junge Frau dem Händler nun antwortet, er solle bitte schön mal in seinem Lager nach-schauen, ob er das Vorderlicht vielleicht nicht doch ir-gendwo …? »Hören Sie«, entgegnet der Händler gereizt, »ich kenne doch mein Lager!« Die junge Frau nickt und zieht von dannen. Sie bezweifelt nicht, daß der Händler sein Lager kennt. Es ist ein deutscher Händler.

Dieselbe junge Frau sucht ihr Ersatzteil in Spanien, sa-gen wir, in Madrid. Sie fährt mit ihrer Vespa zur Werkstatt und erkundigt sich. José, so nennen wir den jungen Mann im Hof, zuckt ratlos die Achseln. Er ruft Ramón, der hin-zutritt und anerkennend die junge Frau und die schöne alte Vespa mustert. Dann schüttelt Ramón den Kopf. Er pfeift durch die Zähne, und Paco taucht auf. Aber auch Paco, der die Vespa ebenfalls bewundert, kann sich nicht erinnern, ein solches Vorderlicht – nicht kantig, sondern gerundet – im Lager gesehen zu haben. Man berät, bemit-leidet die junge Frau, deren Suche bisher vergeblich war, lobt ihr Spanisch, lobt dann noch einmal die Vespa und ruft schließlich Julio. Und Julio erinnert sich an ein Vor-derlicht, eines von den alten, gerundeten, das schon seit Ewigkeiten niemand haben will und das noch irgendwo im Lager herumliegen muß. Drei Minuten später hält er es triumphierend in der Hand, alle lachen, teuer ist das Vor-derlicht auch nicht, weil es ja schon fast ausgemustert war.

Die erste Geschichte trägt sich wahrscheinlich täglich in dieser oder einer ähnlichen Form in Deutschland zu. Die zweite hat sich ziemlich genau so abgespielt – in Spanien. Man könnte sich nun fragen, was die vier Leute in der Ma-drider Werkstatt den ganzen Tag machen. Womöglich ist das Ersatzteillager in so fürchterlichem Zustand, daß man mindestens vier Leute braucht, um das Chaos in den Griff zu bekommen. Oder einer hat einen Freund mitgebracht, der gerade nichts Besseres zu tun hat und ebensogut in der Werkstatt herumtrödeln kann wie in seiner Bude. Kurz, der Charme des geschilderten Erlebnisses, der erfolgreichen Suche nach dem Vorderlicht, gründet wahrscheinlich auf einer gewissen Unordnung und Ineffizienz der Lagerhaltung.

Doch wie sehr man an der kleinen Geschichte auch herumdeutet, ihre Ursachen und Vorbedingungen untersucht, das Ergebnis bleibt davon unberührt. Die junge Frau mit der Vespa wird aus der Werkstatt nicht nur ein Vorderlicht (gerundet) mitnehmen, sondern auch einen sehr guten Eindruck, dem keine spätere Erfahrung etwas anhaben kann. Und das nicht etwa in der Provinz, sondern in der spanischen Hauptstadt! Sie wird die Madrilenen, die Spanier, die Südländer als solche loben und preisen. Bis sich im Laufe der nächsten Wochen die Frage stellt, ob sie gut beraten ist, ihr schönes altes Gefährt in Madrid überhaupt zu benutzen, denn der Verkehr auf den pockennarbigen Straßen ist lebensgefährlich, und das Rot der Ampeln scheint für Autofahrer nur Empfehlungscharakter zu haben. Diese unerfreuliche Erfahrung macht die erste, positive nicht zunichte, aber sie relativiert sie.

So geht es dem Fremden auf Schritt und Tritt. Ständig sind Erfahrungen aller Art – beim Bäcker und beim Friseur, auf dem Spielplatz oder auf dem Finanzamt – miteinander zu verrechnen. Wer militanter Nichtraucher oder umweltbewußter Vegetarier ist oder beides, wer Fußball verabscheut, aber gern Fahrrad fährt, die Stille liebt und ohne Körnerbrot und reibungsloses Abfall-Recycling nicht leben will, dem kann man Spanien oder jedenfalls große Teile des Landes nicht ohne weiteres empfehlen. Wer dagegen Spaß am Gespräch und gutem Essen hat, den

offenen Himmel mag, fehlende Systematik und etwas Anarchie nicht fürchtet, wer vielleicht alteuropäische oder gar
katholische Neigungen hegt und es darüber hinaus schade
findet, nachts zu schlafen …

Ein Blick auf die Landkarte zeigt, daß Spanien groß ist.
Dafür ist es mit rund vierzig Millionen Menschen ziemlich
dünn besiedelt. Im Inneren gibt es riesige unbewohnte
Flächen, Wüste, leere Hochplateaus, schroffe Bergketten,
Ödland – und eine Menge Ruinen, verfallene Häuser und
verlassene Dörfer. In den letzten fünfzig Jahren haben verschiedene innerspanische Migrationsbewegungen das Gesicht des Landes drastisch verändert. Der britische Schriftsteller Gerald Brenan, der mit seinem Buch *The Spanish
Labyrinth* (1943) eine faszinierende Außensicht der spanischen Gesellschaft zwischen 1874 und 1939 lieferte, hat die
Dürre als das vorherrschende klimatische Element bezeichnet. Sie sei so verteilt, schreibt Brenan, »daß der
schlechteste Boden die meisten Regenfälle bekommt,
während der beste keinen Tropfen erhält«. Dank moder-
ner Bewässerungstechniken spielt das heute keine so große
Rolle mehr. Dennoch veröffentlichen die Zeitungen täglich den aktuellen Stand der Wasserreservoirs; mehrere re-
genarme Jahre hintereinander können verheerende Folgen
haben.

Wer mit dem Auto durchs Land fährt, glaubt manchmal,
in den Vereinigten Staaten zu sein, so weit dehnt sich der
Himmel über der gähnend leeren Fläche. Selbst eine Fahrt
auf der Nationalstraße von Madrid nach Saragossa vermittelt überwältigende Landschaftseindrücke, die ich meta-
physisch nennen würde, wenn ich nicht wüßte, daß sich
mancher Leser an die Stirn tippte. Was soll ich machen? Es
ist das Gegenteil des Lieblich-Kultivierten, das die deut-

sche Seele so inbrünstig in Italien entdeckt. Das Herbe, oft Karge, jedenfalls Kraftvolle der spanischen Landschaften ist von Reisenden immer wieder beschrieben worden. Wer dafür empfänglich ist, verliebt sich in Spanien rettungs- und bedingungslos. Vieles davon ist auch heute noch zu entdecken, obwohl ein dank kräftiger EU-Zuwendungen ausgebautes Straßennetz manche pittoreske Holperstrecke planiert hat.

Dieses Buch wird nicht von dem handeln, was viele Millionen Deutsche Jahr für Jahr im Urlaub konsumieren, also weder von spanischen Stränden noch von Bikinis, Sangría und Diskotheken. Es wird auch nicht von den ver- bleibenden Ureinwohnern auf den Balearen handeln, die sich gegen die Invasion der Briten und besonders der Deutschen mit durchaus gemischtem Erfolg zur Wehr set- zen. Ich glaube, die Besucher der einschlägigen Ferienorte mit ihren Bettenburgen und den deutschen Importwürst- chen brauchen zur Erfüllung ihrer Wünsche keine Lek- türe. Jedenfalls nicht diese.

Einmal habe ich ein paar Tage in einem der besseren Touristenhotels auf der Kanareninsel Lanzarote verbracht. »Besser« bedeutet hier: groß und sauber. Dieses Hotel war ein dreihundert Meter langes futuristisches Monstrum in baumloser Ödnis, das aussah wie ein Raumschiff, das ge- rade erst auf der dunkelgrauen Vulkanasche gelandet war. Später, als ich in Laufschuhen einen Kilometer hügelan ge- rannt war und mich nach meinem Hotel umdrehte, dachte ich für einen kurzen Moment: Gleich, in den nächsten Se- kunden, wird es wieder abheben und samt meinem Koffer und meiner Zahnbürste im Weltraum verschwinden! Ich blinzelte in die Abendsonne und wartete. Aber das Raum- schiff rührte sich nicht.

Alle Zimmer meines Hotels, fast vierhundert, hatten Balkone an der sanft geschwungenen Südwestfassade. Zum Mobiliar des Balkons gehörten künstlicher Rasen, ein weißer Plastiktisch, zwei weiße Plastikstühle und ein herausziehbarer weißer Wäscheständer. Die Balkone schauten auf eine weitgestreckte Pool-Landschaft mit einem begehbaren Inselchen in der Mitte. Dicht am Beckenrand standen Schilder. Wie ich später herausfand, wiesen sie darauf hin, daß das Schwimmen vor zehn Uhr morgens nicht gestattet war. Drüben sah ich die Pool-Snackbar oder Snack-Poolbar wie eine Fata Morgana in der Sonne schimmern.

Das Zimmer, das mir im Inneren des Raumschiffs zugewiesen worden war, lag im vierten Stock. Wenn ich mich der Tür näherte, um die Chipkarte ins Schloß zu stecken, achtete ich darauf, nicht nach links und rechts zu blicken, andernfalls hätte mich Schwindel ergriffen. Mein Zimmer lag fast exakt am Scheitelpunkt zweier fußballfeldlanger Flure, die im stumpfen Winkel aufeinander zuliefen. Zum Innenhof waren die Flure offen, nur eine hüfthohe Mauer schützte mich vor dem freien Fall in einen Raum, der die Größe eines ernsthaften Flugzeughangars besaß und sich bei näherem Hinschauen als Bar entpuppte; unten saßen winzige, buntgekleidete Figuren in bauchigen Sesseln und verströmten den Eindruck überwältigender Trägheit, wie ihn nur die Urlaubsindustrie hervorbringt.

Am ersten Abend wagte ich es noch, den Blick an der enormen Fläche des Flurs entlangwandern zu lassen. Fast zweihundertfünfzig Meter nichts als Wand, in die Türen eingelassen waren, und in jede dieser Türen wurde Tag für Tag in unregelmäßigen Abständen eine Chipkarte gesteckt, während von unten gedämpft die Musik der Cocktailbar *Niagara* heraufdrang. Die Cocktailbar *Niagara* rühmte sich eines echten Wasserfalls. Sie besaß üppige grüne Vegetation wie ein Urwald, einen Landschaftsgarten mit rohen Steinwegen und einen authentischen Bach, den man auf einer geschwungenen Holzbrücke überquerte. Das ganze Ding, die Halle, hatte einen Luftraum von über fünfundzwanzig Metern Höhe. Mitten in einem Hotel auf Lanzarote, vier Sterne, drei Tennisplätze, Salatbüfett, umfing mich die Unbehaustheit des Menschen.

Drei Tage hindurch schwankte ich zwischen Entgeisterung und heimlicher Faszination. Ich war nicht daran gewöhnt, wie ein reisendes Ferkel behandelt zu werden. Jede Verbotstafel, die im Hotel aufgestellt war, rechnete mit Wesen, deren Phantasie nur darauf sann, diese Verbote zu übertreten. Es war zum Beispiel verboten, eigene Getränke in der Minibar aufzubewahren. Es war verboten, Essen aus dem Restaurant mitzunehmen. Das Rauchen im Bett war nicht gestattet. Es war nicht erlaubt, die Sonnenliegen mit Handtüchern zu reservieren. *Sollte eine Liege länger als eine halbe Stunde mit einem Handtuch reserviert sein, ohne benutzt zu werden,* schnarrte der Hotelprospekt, *gilt sie als frei. Wir bitten höflich, diese Hausregel zu beachten! Wir bitten auch darum, nicht barfuß oder in Badekleidung unsere Eingangshalle zu betreten. Aus hygienischen Gründen ist es nicht erlaubt, die Handtücher vom Zimmer mit an den Pool zu nehmen. Ebenso bitten wir Sie, auch die Badetücher ausschließlich im Hotel zu benutzen und nicht mit an den Strand zu nehmen. Bitte schließen Sie die Terrassentüren, wenn Sie das Zimmer verlassen. Außerhalb der Öffnungszeiten ist das Baden im Pool nicht erlaubt. Bitte beachten Sie auch alle Sicherheitshinweise am Pool.*

Das also, dachte ich, ist das Spanien, das die Mehrheit meiner geschätzten Landsleute meint, wenn sie »Spanien« sagt. Lanzarote, Mallorca, Benidorm. Anstalten zum Abfüttern und Abhängen. Eisenhartes Reglement mit Schönwettergarantie, aber naturgemäß ohne den spanischsten Zug von allen, die improvisationswillige Großzügigkeit. Die Leser werden es mir nachsehen, wenn ich das Thema hiermit beiseite lege und mich einem anderen Spanien zuwende.

Aber welchem? Das wahre Spanien besteht aus vielen verschiedenen Spanien, einer immensen Fülle von kulturellen, geographischen, klimatischen und kulinarischen Unterschieden, vielen Arten von Gebräuchen, Mentalitäten, Redewendungen – und mindestens vier verschiedenen Sprachen: dem Spanischen (oder *castellano*), dem Katalanischen (mit linguistischen Varianten, wie sie in Valencia oder auf den Balearen gesprochen werden), dem Baskischen sowie dem Galicischen. Während letzteres dem Portugiesischen nahesteht und von allen Spaniern, ebenso wie das Katalanische, zumindest rudimentär entziffert werden kann, ist das Baskische weder eine romanische noch eine indogermanische Sprache. Vereinzelte baskische Wörter wie etwa *kale borroka* sind in das Alltagsspanisch eingedrungen, leider nicht aus den erfreulichsten Gründen; *kale borroka* bedeutet »Straßengewalt« und bezeichnet ein lokales Randalieren, das die Übergänge zwischen der autonomen Szene und dem handfesten ETA-Terrorismus allmählich verwischt hat. Aber auch institutionelle baskische Begriffe wie der *lehendakari* (der Ministerpräsident der aus den drei Provinzen Vizcaya, Guipúzcoa und Álava bestehenden autonomen Region des Baskenlandes) oder die *Ertzaintza*, die autonome baskische Polizei, haben den Weg in die gemeinsame Sprache gefunden.

Daß die kulturelle und linguistische Pluralität Spaniens wieder in ihr Recht gesetzt wurde, auch wenn Einzelfragen noch immer Diskussions- und Konfliktstoff bieten, ist eine der vielen Segnungen der jüngeren spanischen Geschichte. Der rasche Übergang des Landes zur Demokratie nach dem Tod Francos im November 1975, nach fast vierzig Jahren Diktatur, wurde weltweit bestaunt und gilt seither als politisches Modell, das besonders lateinamerikanischen Militärdiktaturen zur Nachahmung empfohlen wurde. Die Züge dieses weitgehend gewaltfreien Übergangs, der *transición*, sowie die eine oder andere lästige Erbschaft aus Zeiten des *Generalísimo* Franco sind im heutigen Spanien noch immer spürbar.

Jeder, der als Fremder auf Spanien blickt, konstruiert sich ein Wunsch-Spanien. Aber der Blick eines Deutschen bringt zweifellos ein anderes Land hervor als der Blick eines Franzosen, Niederländers oder Kolumbianers. Ein halber Engländer und halber Spanier, Tom Burns Marañón, der langjährige Korrespondent der *Financial Times* in Madrid, hat diesen Mechanismus in seinem Buch *Hispanomanía* (2000) in bezug auf die englischen Reisenden des neunzehnten und zwanzigsten Jahrhunderts zu erklären versucht. Diese Besucher, so Burns, hätten ihre Beobachtungen der eigenen Klischeevorstellung angepaßt: Weil sie nostalgisch ein glutvolles Andalusien mit herber Agrarromantik herbeisehnten, hätten sie sich zugleich ein anarchisches, politisch konfuses, »anomales« Spanien gewünscht. Der Spruch *Spanien ist anders* sei also nichts weiter als eine ausländische Wunschprojektion, die von den Spaniern selbst dankbar aufgegriffen und der eigenen Identität einverleibt worden sei.

Ein kluger Gedanke, dem ich kaum etwas entgegensetzen kann. Dennoch glaube auch ich, daß Spanien anders ist. Nicht in dem Sinne, den die englischen Reisenden des

neunzehnten Jahrhunderts meinten und den Burns Marañón so scharfsinnig entlarvt, sondern ... anders auf Arten,
die ich manchmal erklären kann, dann wieder nicht. Von
denen sich aber zur Not auch schwärmen und in jedem
Fall erzählen läßt.

Feine Unterschiede: Ein Katalog

E*spaña es diferente*, so stand es einmal – ziemlich schamlos – in Tourismusbroschüren der Franco-Zeit. Was rückständig und verkommen war, was nicht funktionierte, was reglementiert wurde: Es erhielt von oben das Etikett »anders« verpaßt und wurde kurzerhand als exotisches Merkmal eines exotischen Landes verkauft. Jenseits dieses Stereotyps fallen die Unterschiede zwischen Spaniern und Deutschen, gerade bei den Ritualen des Alltags, sofort ins Auge. Einige davon habe ich in diesem Kapitel zusammengetragen.

Nehmen wir an, Sie treffen am Flughafen ein und benötigen ein Taxi. Achten Sie darauf, *hinten* einzusteigen. Niemand steigt vorne ein. Der Beifahrersitz dient dem Taxifahrer als Ablagefläche, gelegentlich als Mülleimer. Übrigens können Sie Taxifahrern im allgemeinen vertrauen. Ich habe fast nur gute Erfahrungen mit ihnen gemacht. Ausnahmen bestätigen die Regel. Ein Freund aus Deutschland, der mit der inzwischen verschwundenen spanischen Landeswährung nicht vertraut war, irrte sich einmal um eine Dezimalstelle und gab seinem Taxifahrer für eine Fahrt vom Flughafen in die Innenstadt umgerechnet rund zweihundert Euro. Der Fahrer bedankte sich höflich für das extraterrestrische Trinkgeld und fuhr seelenruhig davon.

Übrigens haben alle Madrider Taxis einen schwarzen Buchstaben auf dem Kofferraum. Er bezeichnet den verbindlichen Ruhetag dieses Fahrzeugs: V für *viernes* (Freitag), L für *lunes* (Montag) und so fort. Wird ein Taxi an dem Tag, der auf seinem Kofferraum bezeichnet ist, auf der Straße erwischt, droht eine saftige Geldstrafe. All das wußte der deutsche Freund nicht. Es hätte ihm aber auch nichts genützt.

Für den Fall, daß Sie Spanisch sprechen, öffnen sich Ihnen die spanischen Herzen. Und die Münder. Denn Spanier sprechen viel, schnell und laut. Betreten Sie eine Bar, in der sich mehr als drei Personen befinden, wird Ihnen der hohe Geräuschpegel sofort auffallen. Es gibt hier offenbar immer etwas zu erzählen. Der Schriftsteller Javier Marías meint, weil die Spanier unentwegt zusammenstehen und reden, habe die Diktatur nur begrenzten Erfolg gehabt, und ein Hitler wäre ganz und gar unmöglich gewesen: Das Regime könne Zeitungen und Bücher zensieren, aber nicht Gespräche im Café. Warum die Stimmen so laut sein müssen, habe ich allerdings noch nicht herausgefunden. Statistisch ist Spanien, nach Japan, das zweitlauteste Land der Welt. Außerdem hat Spanien, wiederum nach Japan, die zweithöchste Lebenserwartung der Welt. Ich warte noch auf die Theorie, die zwischen diesen beiden Befunden einen Zusammenhang herstellt.

Man darf Spanier beim Reden ungestraft unterbrechen, was einer alten Beobachtung zufolge mit der Stellung des Verbs im Satz zu tun hat: Anders als im Deutschen weiß man bei romanischen Sprachen recht früh, worauf die Aussage hinausläuft. Erwarten Sie also umgekehrt keinen übertriebenen Respekt vor Ihren wertvollen Sätzen. Genau genommen bestehen Unterhaltungen in Spanien großenteils aus Unterbrechungen. Das heißt, zwei Menschen brabbeln munter aufeinander ein, ohne sich ständig vergewissern zu müssen, ob jede ihrer Aussagen wirklich ankommt. Das Kontinuum des Brabbelns, kombiniert mit der beträchtlichen Lautstärke, schafft eine Kommunikationssituation, die ich als *behaglich* bezeichnen möchte. Auch ich habe inzwischen gelernt, unter ausladenden Gesten munter daherzubrabbeln. Als ich neulich einmal ein deutsches Café betrat, kam mir die Gesprächs- beziehungsweise Schweigeatmosphäre gespenstisch ruhig vor. Mir sank das Herz. Ich dachte: Die Menschen hier müssen sehr wichtige Gedanken haben, daß sie nur so wenige davon aussprechen. Verständlicherweise redet es sich gleich etwas leichter in einem Land, das den Kuß auf die Wange – aus der Sicht des Küssenden: erst links, dann rechts – zur regulären Begrüßung zwischen Frauen und Männern erhoben hat. Ein spanisch-deutscher Freund, der gerade sechs Wochen España hinter sich hatte, drückte einmal einer ihm völlig unbekannten Tante von mir bei der Begrüßung zwei schmatzende Wangenküsse auf. In ihren Augen las ich die nackte Entgeisterung.

Seit dem Tod Francos hat im Umgang unter den Menschen ein kräftiger Liberalisierungsschub eingesetzt. Die informelle Redeform – das »Du« statt des »Sie« – hat viele Bereiche des täglichen Lebens erobert. Man darf sich über die Bedeutung der sprachlichen Formen nicht täuschen. Sie haben ihren Sinn, aber welchen genau, entspricht nicht immer deutschen Erwartungen. Zum Beispiel muß die vertrauliche Du-Anrede durchaus nicht bedeuten, daß sich das Autoritätsgefälle verringert. Wildfremde Menschen, etwa beim Kennenlernen in Anwesenheit eines gemeinsamen Bekannten, können sich in Spanien schon bei der er-

sten Anrede duzen. Es wäre verfrüht, daraus auf freundschaftliche Bande zu schließen. Allerdings erleichtert die
vertrauliche Anrede die Annäherung. Umgekehrt jedoch
kann das »Du« auch benutzt werden, um der Anrede jede
Höflichkeit und Achtung zu entziehen. Zwischen dem
freundlich-intimen »Du« und dem abfällig-beleidigenden
»Du« besteht äußerlich kein Unterschied. Woraus wir lernen, daß die informelle Redeform deutungsbedürftig ist.
Zunächst einmal ist sie nur das: informell. Und erleichtert
wird mit ihr gewiß nicht der tiefgründig-philosophische
Austausch zweier verwandter Seelen, sondern das Reden
in Gesellschaft.

Bemerkenswert ist, daß Menschen, die beide Sprachen
beherrschen, die Anredeform der einen nicht automatisch
auf die andere übertragen. Zumindest spüren sensible Gei-
ster dabei eine Kluft. Marta, eine Spanierin, hat mir einmal
erklärt, wie die förmlichere deutsche Anredeform auf
Menschen einer anderen Kultur wirkt: Das deutsche »Du«,
so sagt sie, sei ein großer Vertrauensbeweis, den man sich
erwerben müsse. Da er etwas Ernstes bedeute – verläßliche
Beziehungen, gar Freundschaft –, müsse man ihn gedank-
lich von dem leichtgewichtigen Gebrauch des »Du« in südlichen Kulturen trennen.

Das übernächste Kapitel handelt ausführlicher von ge-
sellschaftlicher Etikette und vom Essen. Hier nur die Warnung, was Ihnen in Spanien mit Sicherheit fehlen wird:
dunkles Brot, Quark und ein repräsentatives Angebot von
Naturjoghurt. Nichts gegen das helle spanische Brot (die
Stangen, die wie Baguette aussehen, heißen *barra de pan*),
aber man hat es als deutscher Brotesser recht bald satt und
sucht nach gehaltvolleren Genüssen. Es gibt aber nichts
Gehaltvolleres, jedenfalls nicht auf dem Brotsektor. Es mag

Ihnen also passieren, daß Sie nachts von einem Kürbis-kernbrötchen träumen. Damit müssen Sie fertig werden.

Ich weiß nicht, warum ich im Zusammenhang mit Brot an Klebstoff denke, aber Klebstoff ist in Spanien ein Problem. Zwar kann man Uhu kaufen, ein Produkt, das Generationen von deutschen Kindern die früheste Vorstellung von der Haltbarkeit der Dinge vermittelt hat, doch den Original-Tesafilm gibt es kaum. Wie ein Leben ohne Tesafilm aussieht, war mir vorher nicht klar. Neulich hatte ich in einer Eisenwarenhandlung Glück und kaufte gleich mehrere Rollen. Addiere ich die vielen kleinen Ärgerlichkeiten (*mis pequeños disgustos*), die mir minderwertige Klebefilme in Spanien schon bereitet haben, kommt einiges zusammen, nämlich *un gran disgusto*.

Glücklicherweise müssen Sie in Spanien nicht oft mit solchen Überraschungen rechnen. Eine jedoch darf ich Ihnen nicht vorenthalten. Beim Telefonieren kann es Ihnen passieren, daß Sie eine automatische Ansage hören, die Ihnen mitteilt, das »Netz« sei »überlastet«, spanisch: *Hay una sobrecarga en la red.* Da Sie dergleichen aus Deutschland nicht kennen, finden Sie das amüsant und erzählen es Ihren Freunden. Es ist aber nicht amüsant, sondern ärgerlich. Überhaupt betritt man mit dem Reich der Telekommunikation feindliches Territorium. Die frühere staatliche Telefongesellschaft, die auf den Namen Telefónica hört, ist das größte Unternehmen des Landes. Die Privatisierung hat dort nur zu einer Professionalisierung der flächendeckenden Werbung durch Postwurfsendungen bei gleichbleibend schlechtem Service geführt.

Mein tiefstes Erlebnis mit Telefónica betraf den Geheimcode, mit dem man den eigenen Anrufbeantworter auch von fremden Apparaten aus abhören kann. Irgendwie war dieser Code verändert worden, obwohl ich ihn nie benutzt hatte. Ich rief die vierstellige Servicenummer (1004) an und sagte der Dame, Telefónica möge den Code wieder auf Null stellen, damit ich ihn neu eingeben (oder *personalisieren*) könne. Die Dame notierte meinen Wunsch, nahm meine Telefonnummer auf und versprach, der technische Dienst werde sich umgehend bei mir melden.

Mein *disgusto* in den folgenden Tagen beruhte nun weniger darauf, daß sich der Dienst nie bei mir meldete. Sondern, daß es unmöglich war, sich bei der Dame, die meinen Wunsch weitergeben sollte, zu beschweren. Denn bei Telefónica, unter der Nummer 1004, sitzen Hunderte von Damen, und mit welcher von ihnen man spricht, ist reiner Zufall. Es ist auch nicht möglich, sich mit einer bestimmten Dame verbinden zu lassen. Das Ganze erinnert sehr an Kafka, dort müssen die Leute auch immer wieder von vorn beginnen. Nachdem ich beim ersten Gespräch mit Gloria diskutiert hatte, traf ich beim zweiten auf Rosa, beim dritten auf Inés, beim vierten auf Sara. Es gab auch ein fünftes, sechstes, siebtes und achtes Gespräch. Und ich erinnere mich noch gut, daß mir im neunten Gespräch, bei Lucía, Pilar oder María Jesús, ein gewisser Trost zuteil wurde. Trost, aber keine Hilfe. Da griff ich zu meinem letzten verzweifelten Mittel. Ich rief den Pressechef von Telefónica an und drohte damit, einen vernichtenden Zeitungsartikel zu schreiben, der ganz Deutschland darüber aufklären würde, daß die größte Firma Spaniens einen Kundendienst hat, der des Wortes »Kundendienst« nicht würdig ist! Der Pressechef steckte meinen wütenden Angriff ein wie ein Boxer, der sich seiner Kraftreserven sicher ist. Natürlich müsse die Wahrheit ans Licht, sagte er verständnisvoll, und wenn der Service schlecht sei, dann sei er schlecht. Aber ob er sich rasch persönlich davon überzeugen dürfe, daß der Service schlecht sei? Ob ich zu Hause zu erreichen sei? Fünfzehn Minuten später erhielt ich einen Anruf des technischen Dienstes, und weitere fünfzehn Minuten später war mein Problem gelöst.

Der eben geschilderte Vorgang berührt mehrere spanische Phänomene: die bürokratische Ineffizienz; die hierarchischen Ebenen; die Möglichkeit, mit Drohungen etwas zu erreichen, wenn hinter der Drohung reale Macht steht, überhaupt die Üblichkeit des Handels, der Absprache, der Begünstigung, der gewährten oder empfangenen Gefälligkeit. Wenn Ihnen jemand bei irgend etwas helfen will und dies nicht selber tun kann, gibt er Ihnen die Telefonnummer eines Freundes oder Bekannten, den Sie bei Bedarf anrufen können. Tun Sie es! Wenn Sie bei Gesprächsbeginn den Namen des gemeinsamen Bekannten nennen, wirkt er wie ein Sesam-öffne-dich. Das System von Empfehlung und Patronage umschreibt man in Spanien mit dem Begriff *enchufe*. Das heißt wörtlich »Stecker«. Wer also *enchufado* ist, hat viele Verbindungen und ist mit wichtigen Leuten verstöpselt, von denen er nach Kräften profitieren kann. Es wäre unsinnig, über die Bedeutung solcher Beziehungen die Nase zu rümpfen. Viel wichtiger ist, sie als Faktor des sozialen und geschäftlichen Umgangs einzukalkulieren. Denn sie reichen weit in den familiären Bereich hinein und damit ins Herz der spanischen Gesellschaft.

Gute Kontakte sind auch deswegen so oft vonnöten, weil Spanien eine lange Geschichte bürokratischer Tyrannei und entsprechender Willfährigkeit auf seiten des Volkes hinter sich hat; manche finden, sie sei noch längst nicht zu Ende. Mit der Beziehung zwischen Individuum und

Bürokratie hat es jedoch eine besondere Bewandtnis. So willkürlich, sinnlos und demütigend vieles erscheint, was spanische Bürger an Papierkram über sich ergehen lassen oder genauer: durchwaten müssen, so oft finden sich überraschende Seitenwege und Schlupflöcher. Ein und derselbe Beamte kann Ihnen eine haarsträubende Prozedur erläutern, aus der niemand unter der Sonne entrinnen könne – und Ihnen im nächsten Augenblick in verschwörerischem Ton zu verstehen geben, er kenne eine Methode, um das System zu überlisten, schöner noch, er sei bereit, sie Ihnen zu verraten!

Seien Sie darauf gefaßt, daß die tägliche Schulung in praktizierter Absurdität die Spanier hart und duldsam gemacht hat, was nicht dasselbe ist wie geduldig. Die Geduld verlieren sie schnell, wenn damit Aufbrausen und Temperamentsausbrüche gemeint sind. Nein, *duldsam*: Das ist der Mann, der im zweiten Stock in den Aufzug steigt, mit dem ich gerade in den siebten hinauffahre, der seinerseits aber ins Erdgeschoß möchte. Als ich ihn darauf hinweise, daß es zunächst aufwärts geht, bevor es abwärts gehen kann, sagt er automatisch: »Ist egal.« Warum würde mir dieser Kommentar in einer vergleichbaren Situation nie über die Lippen kommen? Weil ich finde, zwölf Stockwerke zu fahren, wenn ich nur zwei fahren will, sei ein himmelschreiender Zeitverlust. *Egal?* Von wegen! Eben diese Empörung, die ohne die Gewöhnung an Effizienz und Zeitmanagement nicht denkbar wäre, fehlt der spanischen Mentalität. Sagen wir, vor dem Kino hat sich eine Schlange gebildet, die ich zunächst nicht wahrnehme, so daß ich mit raschen deutschen Schritten daran vorbeimarschiere, der Kasse entgegen. Erst kurz vor dem Ziel begreife ich, daß sich neben mir eine Schlange befindet. Aber niemand hat mich darauf hingewiesen. Ohne Eifer und Ehrgeiz verharren die Leute in der Warteposition, bis sie an der Reihe sind. Vordrängler zur Ordnung zu rufen, darin sieht niemand seine Aufgabe.

Noch etwas zur Einstimmung. Vorhin haben Sie von María Jesús gelesen. Der Akzent zeigt im Spanischen stets die zu betonende Silbe an; bitte sprechen Sie das J immer kehlig-kratzig, wie am Ende des Wortes »doch«. Vor allem aber wissen Sie jetzt, daß Sie es mit einem katholischen Land zu tun haben. Auch der Name María José, wörtlich Maria-Josef, ist für Mädchen sehr beliebt, desgleichen José María (wörtlich Josef-Maria) für Jungen, nicht jedoch Jesús María – es sei denn, Sie trennen den Namen: Jungen können Jesús, Mädchen María heißen. Genauer, Mädchen heißen zu Ehren der Gottesmutter fast immer María, wenn nicht mit erstem, dann mit zweitem oder drittem Namen. In Kapitel 6 steht etwas zum Brauch der volkstümlichen Fiestas, die mit dem Katholizismus verbunden sind. Vornamen für Mädchen wie Inmaculada (die Unbefleckte), Concepción (Empfängnis), Encarnación (Fleischwerdung), Dolores (Schmerzen), Esperanza (Hoffnung), Caridad (Nächstenliebe), Belén (Bethlehem) oder Rosario (Rosenkranz) sind durchaus gängig und vermitteln Ihnen einen Eindruck, daß der katholische Glauben in Spanien noch mit hoher Temperatur nachglüht.

So demütig und fromm die Vornamen oft klingen, bei den Nachnamen hat die spanische Gesellschaft kein allzu schweres patriarchalisches Erbe. Verheiratete Frauen nämlich konnten ihren Nachnamen schon immer behalten, sind also in der Öffentlichkeit nicht als verheiratete Frauen *markiert*. Da Nachnamen sich ihrerseits aus einem Doppelnamen zusammensetzen – dem Nachnamen des Vaters und dem der Mutter –, entstehen gelegentlich vielsilbige Ungetüme, an die sich das deutsche Ohr nicht so leicht gewöhnt, etwa Amelia Marina Serrano Ibargüengoitia. Bei den Nachnamen gibt es im allgemeinen einen benutzten ersten und einen stummen zweiten. Der Dichter Federico García Lorca allerdings wird »Lorca« genannt, weil dies der ungewöhnlichere der beiden Nachnamen ist. Und jemand mit dem Allerweltsnamen González benötigt entweder zusätzlich den Vornamen, um sich unterscheidbar zu machen (wie der ehemalige Ministerpräsident Felipe González), oder er wirft den unaufregenden Nachnamen gleich über Bord. So der große Fußballspieler von Real Madrid, den alle Welt nur bei seinem Vornamen nennt: Raúl.

Meines Bruders Hüterin

Ein uraltes touristisches Urteil über die Spanier sagt, sie seien ein gutes Volk, das meist schlecht regiert wurde. Auf einen ansehnlichen Teil der letzten fünfhundert Jahre trifft diese schlichte Formel zu. Selbst Philipp II. war – jenseits schwarzer Legenden und protestantischer Verteufelung – bestenfalls ein mäßiger Herrscher. Er scheiterte auch daran, daß er einem Imperium, das kein homogenes Reich war, sondern ein Verbund kleiner und großer Kronen, mehrerer Sprachen und Kulturkreise, eine sterile Zentralisierung aufzwang. Je manischer er sich in Kastilien eingrub – seine Hauptstadtentscheidung fiel 1561 auf ein unbedeutendes Dorf namens Madrid, das den großen Vorteil hatte, der exakte geographische Mittelpunkt des spanischen Reiches zu sein –, desto hilfloser mußte er das Bröckeln an den Rändern verfolgen. Diese Ränder waren so weit entfernt, daß die Entscheidungen, zu denen er sich nach endlosem Zaudern schließlich durchgerungen hatte, bei ihrem Eintreffen am Bestimmungsort bereits überholt waren. Ein erschütterndes Ölbild von Juan Pantoja de la Cruz zeigt den gealterten König mit Tränensäcken und desillusioniertem Blick, in der Rechten das unvermeidliche Zettelchen: ein fahler Kopf, der aus einer schwarzen Leinwand herausschaut. Philipp II. hatte mehrere Kriege geführt und fast alle verloren. Zweimal erlitt seine Krone den Staatsbankrott, und nur die Silberschätze der Neuen Welt hielten sein Reich am Leben. Wenn Schiller und Verdi etwas genauer hingeschaut hätten, wäre ihnen vielleicht die Lust vergangen, diesen Mann zu dämonisieren.

Viel näher liegt es, in Philipp II. den Prototyp des Machtpolitikers als *workaholic* zu sehen, den die selbstausbeuterische Fron von seinem Volk isoliert – ein gar nicht so ferner Vorfahre des ehemaligen Ministerpräsidenten und Steuerprüfers José María Aznar. Wie dieser mit Mitte Vierzig trug Philipp II. im Alter eine Brille, und wer wollte sich bei den Bergen von Papier, die er abzutragen hatte, darüber wundern? Alle Fäden der Staatsgeschäfte liefen bei ihm zusammen und ließen ihn über Listen, Eingaben, Gutachten und Gesetzentwürfen brüten. Wer an die Bedeutung der Heimatverbundenheit in der spanischen Mentalität denkt, kommt nicht an dem Monarchen vorbei, der sich freiwillig zum Provinzler machte.

Der erste Bürokrat der modernen Politik, wie Fernand Braudel ihn nannte, arbeitete Tag und Nacht, bei Sonne und Kerzenlicht. Wenn er nicht gerade betete oder Dokumente unterschrieb, dann fraß er Staatspapiere in sich hinein. »Bis jetzt habe ich mich noch nicht von diesen Teufelspapieren befreien können«, schreibt er in einer Mitteilung, »und es bleiben mir noch einige für die Nacht, und weitere nehme ich mit, um sie auf dem Lande zu lesen, wohin wir jetzt aufbrechen.« Die Klage über einen Brummschädel und »halbgeschlossene Augen« bei der Lektüre ist der *basso continuo* seiner Korrespondenz.

Die Einkaufslisten des Hofes verraten, daß der König zu Hause kaum Obst oder Gemüse zu sich nahm. Gegessen wurde, was sich braten ließ: gebratenes Huhn, gebratenes Rebhuhn, gebratene Taube, gebratener Hirsch, gebratenes

Rind. Und freitags Fisch. Später bat Philipp den Papst, ihn vom freitäglichen Fleischverbot zu dispensieren. Kein Wunder, daß der *rey prudente* unter Verstopfung litt. Dann kamen Hämorrhoiden dazu und später die Gicht. Der Mittdreißiger erkrankte auch noch an Malaria und mußte bis an sein Lebensende mit Fieberanfällen rechnen. Schließlich machte sich von 1563 an die heimtückische Arthritis bemerkbar, die die Kalligraphenschrift des Sechzehnjährigen in die Sauklaue verwandelte, die ungezählte Historiker zur Verzweiflung getrieben hat.

Die schlechte Gesundheit des Königs diente aber auch als Ausrede, mit der sich bedeutende Entscheidungen auf die lange Bank schieben ließen. Bevor es zum Krieg in den Niederlanden kam, zögerte Philipp eine – wie sich herausstellen sollte, fatale – Unterschrift drei Wochen lang mit der Begründung hinaus, er habe unter Kopfschmerzen gelitten. Als es dann mit ihm zu Ende ging, in seiner Schlafkammer des Escorial, von der aus er den Altar der Basilika sehen konnte, schien sich dieses Leben in das allerkleinste Gehäuse zurückzuziehen. Der ehemals mächtigste Herrscher der Welt starb wie ein Mönch.

Wenn ich mir diese Existenz vor Augen halte, fällt genau das daran auf: wie klein und umgrenzt sie von Anfang an war. Philipp II. war der erste rein spanische Herrscher der habsburgischen Krone, und das bißchen Weltläufigkeit, das er sich als junger Mann bei höfischen Festen in Flandern erwarb, verlor er rasch wieder. Die Bindung ans Enge und Lokale ist den Spaniern noch heute eigen. Einer der scharfsinnigsten Essayisten weit und breit, Rafael Sánchez Ferlosio, hielt es sogar für nötig, seinen Landsleuten mahnend das Wort »Nabelschau« zu erklären. Denn nicht daß sie Spanier sind, kennzeichnet sie, sondern daß sie aus diesem oder jenem Dorf in der Provinz Cáceres, Murcia oder Zamora stammen. Das hübsche Wort *patria chica*, »kleines Vaterland«, drückt diese für ein Agrarland keineswegs ungewöhnliche Anhänglichkeit aus. Deswegen fahren Spanier, auch wenn sie längst zu Stadtbewohnern geworden sind, gern und häufig wieder in die Heimat, ihre *tierra natal*. Wenn Ana ihren schweren asturischen Bohneneintopf kocht, die *fabada*, dann schwört sie darauf, man dürfe ihn nur mit asturischen Bohnen, asturischem Schinken und asturischer Wurst zubereiten. »Sonst schmeckt er nach nichts!« Ich frage: »Und wenn ich eine Wurst aus Madrid nähme, eine gute Madrider Wurst von unzweifelhafter Qualität?« Sie schüttelt den Kopf: »Schmeckt nicht.« Mit demselben Recht sagen die Bewohner der Mancha, ihre Süßspeise *alajú* (getrocknete Feige mit Mandeln, Honig und Oblate) enthalte selbstverständlich nur Ingredienzien aus der Gegend. Und jetzt wissen Sie, warum eine *paella*, ob mit Huhn oder Meeresfrüchten, nur gelingen kann, wenn der Reis mit valencianischem Wasser gekocht wurde.

Den örtlichen Spezialitäten ist ein politischer Hintersinn abzulesen: Der Konflikt, der das Spanien der letzten fünfhundert Jahre beherrscht und ihm bis heute zu schaffen macht, ist der Gegensatz zwischen staatlicher Einheit und regionaler Vielfalt. Es gibt in diesem Konflikt keinen neutralen Blickwinkel, denn ein Katalane oder Baske wird über dieses Thema anders denken als ein Zentralspanier. Was immer sich im heutigen Spanien an regionalen Gefühlen mobilisieren läßt, nichts davon wäre denkbar ohne den dumpfen Zentralismus Francos. Gerade die Rückständigkeit der politischen Idee – ein Land mit fünfzig Provinzen, vier Sprachen und einer Fülle von lokalen Eigenheiten mit eiserner Hand von Madrid aus zu steuern – macht die Einheitspropaganda von damals so ranzig. Deshalb überrascht es nicht, daß jeder Gedanke an Zentralismus in der Nach-Franco-Zeit in den Verdacht des Verknöcherten und Autoritären geriet. Plötzlich erwachte überall ein regionales Selbstbewußtsein, selbst dort, wo an der Identifikation mit Spanien nie ein Zweifel bestanden hatte wie in Andalusien oder auf den Kanarischen Inseln. Seit den späten siebziger Jahren wird vom »spanischen Staat« gesprochen, wenn sich der Sprecher von der Einheitsidee und ihrer Symbolik distanzieren will. Etwa so, wie die damalige bundesdeutsche Linke ihrem Heimatland jede affektive Bindung verweigerte, indem sie es trocken »BRD« nannte.

Die neue Rolle der Autonomen Gemeinschaften, *Comunidades Autónomas*, war eine Kernfrage der jungen spanischen Demokratie. Zuerst mußte freilich eine demokratische Verfassung her. Sie wurde im Dezember 1978 verabschiedet. Es war die zwölfte seit dem Beginn des neunzehnten Jahrhunderts und die erste, von der politische Kontrahenten auch zwanzig Jahre später noch sagen konnten, sie entspringe dem Konsens. Spanien, eine parlamentarische Monarchie, hat seitdem eine der modernsten Verfassungen Europas. König Juan Carlos I., der in den kritischen Jahren viel zur Befriedung des Landes beitrug, hat seine Rolle von Anfang an mit soviel Entschlossenheit wie nötig und soviel Zurückhaltung wie möglich gespielt. Daß die Monarchie heute von der großen Mehrheit der Spanier befürwortet wird, verstand sich ursprünglich keineswegs von selbst; man muß darin eine Errungenschaft der Demokratie sehen. Juan Carlos und Königin Sofia haben das symbolische Amt durch Umsicht und Bescheidenheit von dem Ruch des Konservativ-Autoritären, der von den spanischen Regenten auszugehen pflegte, befreit. Und durch ihre gemischte Herkunft – der König verbrachte die ersten Lebensjahre in Italien, die Königin stammt aus Griechenland – haben sie der urspanischen Institution der Monarchie eine weltläufige Offenheit verliehen.

Artikel 3 der Verfassung legt das Spanische (*castellano*) als Amtssprache fest; alle Bürger müssen die Sprache beherrschen und haben das Recht, sie zu benutzen. Dann aber kommt das Neue, die entschlossene Abkehr von Francos Unterdrückungspolitik und ein Bekenntnis zur Dezentralisierung: Die übrigen spanischen Sprachen, so heißt es, seien in ihren jeweiligen Autonomen Gemeinschaften »ebenfalls offiziell«. Und weiter: »Der Reichtum der verschiedenen sprachlichen Ausdrucksweisen in Spanien ist ein kulturelles Erbe, das besondere Achtung und besonderen Schutz verdient.«

1983 trat das Autonomiestatut in Kraft, welches das Verhältnis zwischen dem Zentralstaat und den siebzehn Autonomen Gemeinschaften im einzelnen festsetzt. Die Regionen, die historisch eine eigenständige Rolle gespielt und sehr bald nach Francos Tod eine frühe Autonomie erstritten hatten – Katalonien, Galicien und das Baskenland –, erhielten das größte Maß an Selbstbestimmung. Aber alle siebzehn verfügen über eigene politische Institutionen (Parlament, Präsident, Regierungsrat, Verwaltung) und gesetzgeberische Kompetenzen. So vornehm Artikel 3 der demokratischen Verfassung es formuliert, die Umsetzung von Sprach- und Autonomiepolitik war – und ist – ein zähes Stück Arbeit.

Auf schwerbeschreibbare Weise ist das Spanien der Provinzen und Regionen wieder zum eigentlichen Spanien geworden. Wenn es je anders war. Hier, nicht in den großen Städten, ist die kulturelle und geographische Vielfalt des Landes zu entdecken, hier wachsen die Besonderheiten, die irgendwann auch auf nationaler Ebene prägend werden. Jeder Ausländer, der Spanien bereist, trifft unter den verschiedenen Winkeln des Landes seine Wahl, auch wenn die Wahl schwerfällt. Während man die Vereinigten Staaten mit dem Auto in großen Reiseabschnitten durchqueren kann, braucht man in Spanien oft nur zwei Dutzend Kilometer, um von einer Welt in eine andere zu gelangen. Natürlich bringt die starke Bindung an lokale Eigenarten auch Vorurteile und Stereotypen mit sich. Was für die Deutschen Ostfriesland ist, ist für Spanier der Ort Lepe in der andalusischen Provinz Huelva, nahe der portugiesischen Grenze. So zirkulieren auch die entsprechenden Witze über dessen Bewohner. Etwa dieser: Warum schauen die Leute in Lepe um drei Uhr nachmittags und um neun Uhr abends immer in den Himmel und lächeln? Weil sie auf das Foto des Wettersatelliten kommen wollen. Oder: Warum haben die Leute in Lepe so viele leere Flaschen im Kühlschrank? Weil manche Gäste nichts trinken. In Wahrheit ist Lepe jedoch ein sehr einladender kleiner Ort, und niemand konnte mir erklären, wie er zu seinem schlechten Ruf gelangt ist. An einem schönen Vormittag im Mai war ich einmal dort. Im Ortskern saßen die Alten, ließen sich die warme Luft um die Nasen wehen und erzählten sich etwas. An der Stirnseite der Plaza steht eine gedrungene Kirche, an der nur auffällt, daß sie dem zentralen Platz nicht das Hauptportal und die drei Glocken, sondern den schmucklosen Rücken zuwendet. Einmal hat sogar Kronprinz Felipe den Weg nach Lepe gefunden, um eine landwirtschaftliche Kooperative zu besichtigen. Er bekam frische Erdbeeren geschenkt.

Auch das größte Werk der spanischen Literatur, der *Don Quijote*, besingt die kleinen Ortschaften. Ein Roman der Landstraßen, Kneipen und Gasthöfe, ein regionales Reisebuch, dessen Routen sich ziemlich genau rekonstruieren lassen. In einem seiner schönsten Romane, *Monsignore Quijote* (1986), ließ Graham Greene die Nachfolger des Ritters von der traurigen Gestalt durch ein modernes, aber immer noch ziemlich altes Spanien ziehen: Zwei Reisende in einem schrottreifen Auto, ein Priester und ein bekennender Marxist, die freundschaftliche Dispute halten, Käse essen und Wein aus der Mancha trinken. Graham Greene wußte, wo das wahre Spanien liegt.

Gelegentlich gerate ich bei der Lektüre spanischer Zeitungen ins Träumen, besonders dann, wenn von entfernten kleinen Dörfern die Rede ist, deren Namen ich noch nie gehört habe. Ich weiß ja, daß dort manchmal Armut herrscht, die nicht malerisch ist, daß die Arbeitslosen fortgehen und die Alten in ihrem Winkel hocken bleiben, bis sie sterben. Aber zum einen gibt es Alte, die gar nicht anderswo sein wollen, weil nur das Dorf – ihr Dorf – ihrer Lebensgeschwindigkeit entspricht. Und zum anderen erhalten sich hier und da noch bewahrenswerte Dinge, eine Gemeinschaft, zu der eben auch die Enge gehört, die Dorfbar, eine überschaubare Welt, die Städter schnell als langweilig empfinden, Dichter aber vielleicht als poetisch. Mag sein, daß manche Geschichten aus der fernen spanischen Provinz mir nicht aus dem Kopf gehen, weil sich die Zeit in ihnen anders dehnt.

Von allen Dorfgeschichten, die ich gelesen habe, ist mir eine besonders nahgegangen. Sie verharrt für mich in einer ewigen Gegenwart, das Tempus, in dem ich ihr Ende erzählen muß, obwohl ich nicht weiß, ob ihr Held noch lebt.

In einem galicischen Dorf, der Name tut nichts zur Sache, gab es einst einen Mann von einundzwanzig Jahren, der an Hirnhautentzündung litt, jedenfalls nahm man das an; wahrscheinlich hatte er nur Kopfschmerzen. Die Dorfleute jedenfalls glaubten, die Krankheit könne ihn dazu verleiten, Frauen zu überfallen. Daher faßten die Eltern den Beschluß, ihren Sohn unter Hausarrest zu stellen. Cándido López, so der Name des jungen Mannes, verbrachte die folgenden achtundsechzig Jahre in seinem Zimmer.

Zuerst bewachten ihn seine Eltern. Dann, nach deren Tod, seine ältere Schwester. Als diese im Jahr 2000 starb, übernahm Cándidos Nichte die Aufsicht; sie wohnte schon seit neun Jahren in dem Haus, das den potentiellen Frauenangreifer sechs Jahrzehnte so sicher beherbergt hatte wie die stärksten Gefängnismauern. Im Dorf war die Überzeugung, Cándido sei gefährlich und dürfe nicht vor die Tür gelassen werden, längst in den Rang eines unerschütterlichen Volksglaubens aufgestiegen. Seine lange Isolierung, so schrieb die Zeitung, habe den alten Mann »fast in eine Pflanze verwandelt«. Sicher ist jedenfalls, wenn man den Familienangehörigen trauen darf, daß der neunundachtzigjährige Cándido gern in Zeitschriften blättert, mit Puppen und vor allem mit bunten Wäscheklammern spielt. Von den Beziehungen, die er mit seinen überlebenden Geschwistern unterhält (er hatte acht), wird nichts berichtet. Im übrigen seien die Türen im Haus, so die Nichte, nicht abgeschlossen gewesen. Auch habe Cándido nie jemanden, ob Frau oder Mann, angegriffen.

Seit vielen Jahren schon kann der Mann keine ganzen Sätze mehr sprechen. Seine Exkursionen führen ihn manchmal in den Hausflur; die meiste Zeit jedoch verbringt er im Bett. Als sein Arrest begann, war König Alfons XIII. gerade ins Exil gegangen. Das war 1931. Cándido verpaßte den Bürgerkrieg, die Diktatur, den Tod Francos und die ersten demokratischen Wahlen. Folglich war er weder Putschist noch Widerstandskämpfer, weder Mitläufer noch Denunziant. In einem Jahrhundert der ungewöhnlichen Lebensläufe ist der ungewöhnlichste vielleicht dieser: daß aller Ehrgeiz, alles Wollen über einen Menschen hinwegweht und in seiner Biographie keine Spuren hinterläßt.

Es war die Nichte, die schließlich das Schweigen über die abgeschottete Existenz Cándidos brach. Die Lokalpresse kam ins Dorf, auch das Regionalfernsehen. Das Bild in der Zeitung zeigt einen Greisenkopf, liegend, der mit großen dunklen Augen in die Kamera schaut. Der Blick ist nicht zu deuten. Und je länger ich auf das grobkörnige Foto mit den dunklen, leeren Augen schaue, desto weniger verstehe ich von Cándido selbst. Denn sein Leben ist fast vorüber, und was immer sich für ihn durch sein öffentlich gemachtes Schicksal ändern könnte, gesetzt, man sollte es wünschen, es wird durch seine säuglingshafte Abhängigkeit und die Nähe zum Tod abgestumpft und relativiert. Jene, die für Cándidos Rückzug von der Welt verantwortlich waren, sind ihm schon vorausgegangen. Vielleicht vermißt er sie; vielleicht hat er sie aber auch schon vergessen wie eine grüne Wäscheklammer, die unter dem Küchenschrank verschwand.

Die dürre Zeitungsgeschichte steckt voller Fragen. Doch die Antworten würden niemandem etwas bringen. Was könnte Cándido, wenn seine Stunde kommt, zu beichten haben? Und was haben auf dem Sterbebett seine Eltern gebeichtet, was seine ältere Schwester, die des Bruders Hüterin war? Ein Schimmer von Abenteuer liegt noch über Cándidos Zukunft. Seine Nichte führt ihn jetzt manchmal ans Fenster, damit er nach draußen schauen kann. Und in wenigen Monaten schon, sagt sie, im Sommer, werde sie ihn zu seinem ersten Spaziergang in achtundsechzig Jahren auf die Straße bringen. Es bereite Cándido Spaß, sich Leute anzuschauen und Autos. »Wenn Autos vorbeifahren«, sagt die Nichte, »ist er so glücklich, daß er gar nicht weiß, was er mit seinem Kopf machen soll.«

Die Linsen auf dem Silberlöffel

Den Tag, als ich in Spanien die erste feierliche Buchpräsentation erlebte, werde ich nicht vergessen. Es war Mittag, das Ambiente von fast frivoler Vornehmheit. In einem Saal saßen vor Mikrofonen die Hauptdarsteller, waren aber im Begriff, sich dem angenehmen Teil der Veranstaltung zuzuwenden. Der große Schriftsteller hatte gesprochen, der Verleger hatte gesprochen, die Fotografen der Tageszeitungen hatten ihre Bilder gemacht. Jetzt kamen die Häppchen. Tabletts schwebten durch die Gruppen der Anwesenden. Kellner mit weißen Handschuhen servierten Wein. Als geladener Gast gewöhnt man sich an solche Termine allzu schnell, denn wenig ist anregender, als seiner Arbeit nachzugehen und dabei mit Häppchen und Rotwein versorgt zu werden. Spanier entfalten bei so etwas einen unnachahmlichen Stil. Die Manieren der Bedienung sind erstklassig. Alle verrichten ihre Aufgaben schnell, höflich und effizient. Vielleicht haben Sie einmal gehört, die Spanier seien »stolz«; nun schauen Sie sich um und entdecken in den Gesichtern einen großen Ernst, der gelegentlich etwas Schroffes ausstrahlt. Wenn Sie außerdem die Sprache nicht verstehen, halten Sie diesen Ausdruck, diese Körpersprache leicht für Hochmut.

Zweifellos haben die Spanier einen wachen Sinn für Ehre und Ehrgefühl. Aber das steht den Kellnern nicht ins

Gesicht geschrieben. Es handelt sich wirklich nur um die leicht angespannte Miene von Menschen, die gewissenhaft ihre Arbeit tun. Längst habe ich diese Einstellung zu schätzen gelernt. Und dann, ganz plötzlich, stand eine junge Frau mit blendendweißer Schürze neben mir und hielt mir ein weiteres Tablett hin. Sie lächelte erwartungsvoll. Auf dem Tablett lagen sieben oder acht Löffel, parallel auf einer blütenweißen Serviette angeordnet, und auf jedem Löffel ruhte ein Klecks Linsenmus mit einem Häubchen andersfarbiger Sauce, die wunderschön mit den demütigen, bäuerlichen Linsen darunter kontrastierte. Das alles scheinbar achtlos, in Wahrheit aber mit Raffinesse und beträchtlichem Formwillen auf einen Silberlöffel gesenkt, der seinerseits, zusammen mit sieben Artgenossen, in säuberlicher Reihung auf dem Silbertablett lag. Und nun sah mich die junge Frau an und wartete geduldig darauf, daß ich tat, was man bei solchen Gelegenheiten eben tut.

Damals wußte ich noch nicht, welche Bedeutung die Linsen auf dem Silberlöffel für mich eines Tages annehmen würden. Gleichviel! Da lagen die Linsen vor mir, und ich mußte mich ihnen stellen. Die junge Frau begriff, daß ich zögerte, weil ich unerfahren war und nichts falsch machen wollte. Sie deutete auf etwas. Jetzt erst sah ich, daß auf einem separaten Teller, am Ende des Tabletts, einige leere, aber erkennbar benutzte Löffel lagen, Löffel ohne Linsen. Tatsächlich wurde jetzt von mir erwartet, daß ich im Stehen, unter den Augen der jungen Frau, einen linsenbeladenen Löffel auswählte, mit einem Mindestmaß an Eleganz zum Mund führte und den leeren Löffel – vermutlich unter Kauen – auf dem separaten Teller ablegte. Die junge Frau lächelte abermals. Ich tat, was sie von mir erwartete. Doch ich fürchte, unter dem aufmerksamen Blick könnte mir die Geschmackskombination des winzigen Löffelgerichts entgangen sein. Vielleicht schon in diesem Augenblick, während ich der jungen Frau nachschaute, schwor ich mir, eines Tages das Lob des Landes zu singen, das solche Genüsse hervorbringt und sie mit so exemplarischer Anmut serviert.

Allen spanischen Kellnern ein dreifaches *Viva!* Sie schauen streng, meinen es aber gut mit den Essern. Den Gast diskret zu umsorgen, ihn weder zu gängeln noch ihm lästig zu fallen, darin sehen sie ihre vornehme Aufgabe. Das gilt nicht nur für aufwendige Gelegenheiten wie die, bei der ich die Linsen auf dem Silberlöffel kennenlernte, sondern auch für den Besuch in Restaurants oder bescheidenen Bars. Jetzt ist es an der Zeit, über den Charakter der spanischen »Bar« ein Wort zu verlieren. Diese landestypische Einrichtung ist Frühstücksraum, Café, Kneipe und Restaurant in einem, der Treffpunkt für Männer, Frauen und Kinder. Ich bezweifle, daß es ein Land mit einer höheren Dichte an Bars gibt als Spanien. Da die Leute ungern frühstücken und zu Hause schon gar nicht, füllt sich die Bar vor Bürobeginn mit Gästen, die einen Kaffee kippen und vielleicht einen süßen Kringel dazu essen, ein Stück Apfelgebäck oder ein Croissant, welch letzteres die Einheimischen, da sie alle fremdsprachigen Wörter erbarmungslos hispanisieren, *cruasán* nennen.

Die drei wesentlichen Arten, Kaffee zu sich zu nehmen, sind folgende: *café sólo* (entspricht unserem Espresso), *cortado* (mit einem Schuß warmer Milch) und *café con leche* (Milchkaffee, allerdings etwa stärker als bei uns). Gebäck wird auf Tellern serviert, Messer und Gabel liegen unfehlbar dabei. Überhaupt bekommen Sie alles auf Tellern, auch das Wechselgeld, das im allgemeinen auf einem braunen Plastikschälchen ruht. Sie sind dann frei, ein paar Münzen liegenzulassen, und viel muß es auch nicht sein. Undenkbar, daß jemand vor Ihnen steht wie in Deutschland und mit gezückter Geldtasche darauf wartet, daß Sie Ihre Rechnung bezahlen und am besten ein üppiges Trinkgeld drauflegen. Noch weniger vorstellbar, daß jemand mit sauertöpfischer Miene angeschlurft kommt und sagt: »Schichtwechsel, kann ich bei Ihnen abkassieren?« In Spanien ist der Gast König. Man läßt ihn in Ruhe und erledigt Geldangelegenheiten mit Takt. Es ist bezeichnend, daß man sich sehr damit beeilt, ihm die bestellten Speisen zu bringen, viel weniger dagegen, ihm die Rechnung zu präsentieren.

Bei der ganzen Prozedur des kurzen Aufenthalts in der Bar steht man meistens am Tresen (Hinsetzen ist teurer), erledigt Essen und Trinken, raucht oder läßt es bleiben, redet eher laut als leise, bezahlt irgendwann und geht hinaus. Es gehört zu den kulturellen Besonderheiten des Landes, daß Alkohol nicht allein serviert wird. Es *muß* eine Kleinigkeit zum Essen dabeisein, ein paar Oliven, ein Tellerchen Mandeln oder Kartoffelchips, ein Happen Tortilla. Daß man sich auf diese Weise weniger schnell betrinkt, liegt auf der Hand. Offenbar lag es auch im Interesse der Obrigkeit, die den Genuß alkoholischer Getränke an den Verzehr fester Nahrung band. Daher der blanke Schrecken von Spaniern, die auf dem Münchner Oktoberfest beobachten müssen, wie Menschen sich einen ganzen Liter Bier in die Kehle gießen, *ohne irgend etwas zu essen.*

Ein Besuch in der Bar, dem Ort, der Essen und Trinken harmonisch verbindet, kann nach sieben Minuten beendet sein. Manchmal dauert er auch dreißig. Es gibt Flauten, aber selten völlige Ruhe. Am Vormittag nämlich machen die ersten schon Pause, gern bei Kaffee und Brandy, und zu Mittag füllt sich die Bar mit Gästen, die ein paar *tapas* essen und dazu ein Bier oder ein Glas Rotwein trinken. Olivenkerne, Papierservietten, Zigarettenkippen, alles darf auf den Boden geworfen werden. Irgendwann kommt ein Kellner mit dem Besen und fegt alles wieder weg. Besonders hübsch sieht der Tresen unmittelbar vor einer *rush hour* aus. Dann hat der Barmann schon einige Dutzend weiße Unterteller verteilt und mit Kaffeelöffeln sowie dem obligatorischen Zuckertütchen drapiert. Jetzt können die Durstigen kommen. (Wichtiger Hinweis: Es ist in Spanien unüblich, sich zu einem Fremden an den Tisch zu setzen, selbst wenn dort noch drei Stühle frei sein sollten. Daß man so etwas in Deutschland immer öfter macht, läßt auf Nützlichkeitserwägungen schließen, hat aber mit geschliffenen Formen so wenig zu tun wie das scheußliche Wort *abkassieren*.)

Da wir beim Essen sind, darf ich den auffälligsten Kulturunterschied zwischen den Ländern nicht verschweigen: daß die Abendmahlzeit gern gegen 22 Uhr (und das Mittagessen gegen 14.30 Uhr) eingenommen wird. Nun sollte man erwähnen, daß viele spanische Familien, besonders solche mit Kindern, es durchaus nicht so halten und also um 20 Uhr am Eßtisch sitzen. Es gibt jedoch nur wenige Restaurants, in denen man sich vor 21.15 zum Abendessen niederlassen kann, und da Spanier lieber ausgehen, als zu Hause zu bleiben, also auswärts auch bereitwillig und großzügig Geld ausgeben, entsteht schnell der Eindruck, das ganze Land wache erst am späten Abend auf. Das trifft insofern zu, als die Abende lang und überaus gesellig sein können. An Wochenenden in Barcelona oder Madrid kann man nachts um drei Uhr in ernsthafte Verkehrsstaus geraten. Der Trubel des öffentlichen Lebens und der Aktivität auf der Straße vermittelt Besuchern ein Gefühl der Sicherheit, wie es in der Münchner oder Frankfurter Innenstadt niemals zu spüren wäre. Die Frage, wann etwa die nachtschwärmerischen Madrilenen schlafen, hat noch keine befriedigende Antwort gefunden. »Das sind die Gene«, sagen die einen. »Das macht das Klima«, sagen die anderen.

Sicher ist, daß das Ausgehen – sich zu verabreden und außerhalb des eigenen Hauses zu treffen – für junge wie alte Spanier eine soziokulturelle Notwendigkeit darstellt. Es ist ein Kult des Hier und Jetzt: Trifft man Leute, schließen sich die einen den anderen an. Aus diesem Geist der Improvisation und der Nichtexklusivität erklärt sich, daß es unüblich ist, Verabredungen allzulange im voraus zu treffen. Sagen Sie jemandem am Telefon, Sie seien in zwei Wochen in seiner Stadt und wollten ihn gern sehen, wird er Ihnen empfehlen, erst anzukommen und ihn dann noch einmal anzurufen. Das mag Ihnen unsicher erscheinen, behaftet mit dem Geruch der Unzuverlässigkeit. Doch wundersamerweise findet die kurzfristige Verabredung tatsächlich statt. Man könnte sogar sagen: Sie findet nur deswegen statt, weil sie kurzfristig getroffen wurde und in der spanischen Phantasie schon in den Rang der vorstellbaren Ereignisse aufgerückt war, unmittelbar neben der Wirklichkeit.

Bei gesellschaftlichen Bräuchen hängt bekanntlich alles mit allem zusammen, die Musik mit dem Essen, das Essen mit dem Klima, das Klima mit dem Ackerbau und dieser mit der Steuermoral. Die Spanier – als Volk mit einer langen agrarischen Tradition, zahlreichen korrupten Regierungen und großer Armut – haben immaterielle Werte herausgebildet, zu denen ein starkes Gemeinschaftsgefühl gehört. Vereinfacht gesagt, bewähren sich Spanier in der Gruppe. Dort zeigen sie Humor, Geduld und Kreativität. Hätte ich zwischen einem vollbesetzten Bus in Deutschland und Spanien zu wählen, würde ich immer den spanischen bevorzugen. Die Gesprächsrunde zu mehreren oder vielen, der Stammtisch (*tertulia*), zählt nicht von ungefähr zu den unverbrüchlichen Traditionen des Landes. Kommen Spanier an einer brechend vollen Bar vorbei, sagen sie: »Toll!« und drängen ebenfalls hinein. Passieren Deutsche dieselbe Bar, murmeln sie: »Schrecklich!« und gehen weiter, weil sie befürchten, sich drinnen nur schreiend unterhalten zu können und obendrein schlecht bedient zu werden. Diese Vorlieben markieren einen Gemütsunterschied. Von manchen meiner Landsleute weiß ich, daß ihnen vielköpfige Runden ein Greuel sind, weil in ihnen das *tiefe Gespräch* – eine kulturelle Errungenschaft der Deutschen, deren Geheimnisse sich anderen Völkern nur mit Mühe vermitteln lassen – nicht möglich ist. Andererseits fällt es schwer zu glauben, irgendeine andere Sprache könnte eine Wortschöpfung wie *ausdiskutieren* hervorbringen, in der das lähmende Grau endloser, wichtigtuerischer Gespräche anklingt.

Daß Spanier gern ausgehen, heißt nicht, daß sie das eigene Haus, die eigene Wohnung vernachlässigten oder sich ungern dort aufhielten. Im Gegenteil. Ein Haus zu haben – *tener casa* – ist so wichtig, daß selbst Menschen mit bescheidenem Einkommen den Gedanken unerträglich finden, zur Miete zu wohnen. Das Volk, das nichts dabei findet, für Essen und Vergnügungen jede Menge Geld auszugeben, wird ganz sparsam, wenn es um Ausgaben fürs Wohnen geht. Während in Deutschland rund achtzig Prozent der Menschen zur Miete wohnen, sind es in Spanien nur zwanzig Prozent. Selbst unverheiratete junge Paare investieren Geld in eine kleine Eigentumswohnung, damit es nicht Monat um Monat in der Tasche eines Vermieters verschwindet. Ein Haus, eine Wohnung zu kaufen ist leicht – das Verkaufen nicht minder.

Das Innenleben der Häuser hat allerdings eine besondere Funktion. *Draußen* trifft man sich mit Freunden und Bekannten, *drinnen* mit der Familie. Jahrelange Freundschaft führt nicht unbedingt dazu, die Privatburg des anderen von innen kennenzulernen. Auch die Architektur spricht diesbezüglich eine deutliche Sprache. In Spanien sind viele Wohnungen um einen Patio herum gebaut. Dort hängt die Wäsche, die alle Hausnachbarn sehen können, aber Fremde (was auch Freunde sind) nicht. Nach innen, zum Patio hin, wird gekocht, gebadet, geschlafen; das Wohnzimmer dagegen (in das selten jemand eingeladen wird, das aber dennoch mit einer klobigen Polstergarnitur und nutzlosem Nippes vollgestellt ist) hat Fenster zur Straße. Früher galt es in Spanien sogar als schick, eine Wohnung mit Zimmern ohne natürliches Licht zu haben; um so besser ließ es sich dort im Sommer aushalten. Mit der Universalisierung des Geschmacks und der Lebensstile verwischen sich solche nationalen Marotten ein wenig, doch dem instinktiven Verhalten lassen sich die alten Bräuche noch oft ablesen. Weil sie mit großer Hitze leben müssen und einen ausgeprägten Sinn für den geschützten Familienraum haben, ziehen sich viele Spanier ohne Bedauern hinter heruntergelassene Rolläden zurück. Der Balkon, die Terrasse als Mittelding zwischen draußen und drinnen sind eher deutsche Bedürfnisse.

Auf diese Weise lassen sich zahllose Alltagsbeobachtungen kulturell herleiten und begründen. Der häusliche Bereich, so empfinden es Spanier, ist das Territorium, auf dem man sich ohne Bedenken gehenlassen kann. Dort muß man nicht gewaschen, rasiert, angezogen und gekämmt sein. Wohnungsnachbarn dürfen also durchaus sehen, wie jemand im Hausmantel oder Pyjama durch die Küche streicht oder barfuß auf den Balkon des Patio hinaustritt, um fürs Mittagessen einen Kohlkopf aus dem Gemüsewägelchen zu holen. Frauen, die noch nicht *ausgegangen* sind (so wie man sich früher zum *Ausgehen* unbedingt passend *ankleidete*), verbleiben im Hausmantel oder Hausanzug, so lange sie möchten. Daß dieses Kleidungsstück häufig Polyester enthält, weil es dadurch einen verruchten Schimmer annimmt und obendrein leichter zu pflegen ist, gehört zu den Kulturerfahrungen, die mir ewig fremd bleiben werden. Sobald aber der Polyester-Hausmantel gegen etwas anderes vertauscht wird, verstehen spanische Frauen keinen Spaß mehr. Sie kleiden sich mit Sorgfalt und Eleganz, sie malen, pudern, bestäuben sich. (Enthaarte Beine und Achselhöhlen sind Pflicht.) Nicht nur haben spanische Wohnungen mindestens doppelt so viele Badezimmer wie deutsche, sie sind im allgemeinen auch mit vielen Metern Einbauschrank gesegnet, damit die Fülle der Garderobe, *ihre* und *seine*, ohne Knautschen und Knittern untergebracht werden kann.

Aus alldem dürfte hervorgehen, daß Spanier auf gepflegte Erscheinung Wert legen. Es handelt sich hier um einen allgemeinen Sinn fürs Hübsche, Geschmückte und Dekorierte. Selbst eine banale Geste wie das Einpacken einer Glühbirne beim Elektrohändler nebenan gerät so zur ästhetischen Geste. Deutsche sollten sich über ihre Haltung zu der ökologischen Frage, die damit unvermeidlich verbunden ist, vor Betreten des Landes klarwerden, sonst durchleiden sie überflüssige Gewissensnöte. Denn Spanier packen *alles* ein, was als Ware verkauft wurde, und handele es sich um ein winziges Schräubchen. Das Mindeste, was der Kunde bekommt, ist ein Plastiktütchen. Häufig macht sich das Verkaufspersonal aber auch die Mühe, Papier und Klebefilm (leider keinen Tesafilm) einzusetzen. Die feine Konditorei »Mallorca« in Madrid wartet mit kleinen Papptabletts auf, dazu Pappstützen, die sensibles Sahnegebäck davor bewahren, zerdrückt zu werden, ferner mit rotem Einpackpapier und dickem weißen Faden, der zur Schleife gebunden wird.

Es sind aber keineswegs nur die feinen Läden, die ihre Kunden mit sündhaft aufwendigen Verpackungen beglükken. Auch der Optiker würde es nicht wagen, Ihnen die Rechnung für die neue Brille, die Sie bei der Krankenversicherung einreichen müssen, unverhüllt in die Hand zu legen: Er steckt das Blatt in einen Umschlag. Ich erinnere mich noch an mein ökologisches Über-Ich der ersten Wochen. Es schrie jedesmal gequält auf, wenn eine eifrige spanische Verkäuferin um ein harmloses Nichts, das ich erworben hatte, mehrere Lagen Papier, viel Klebefilm und eine Plastiktüte drapiert hatte. Einige Male fiel ich der Täterin in den Arm und sagte: »Lassen Sie die Tüte, ich habe einen Rucksack dabei!« Doch es dauerte nicht lange, da verzichtete ich auf solche Interventionen. Ich hatte nicht das Herz, die Prozedur des Einpackens, mit der ein erfolgreicher Kauf zum Abschluß kam, brüsk zu unterbrechen. Mehr noch, ich schämte mich der Ideologisierung, mit der meine Landsleute bedenkenlos alle Lebensbereiche überziehen. Seitdem beobachte ich das kleine Schauspiel des Einwickelns und Verpackens, das mir in Spanien kostenlos geboten wird, mit tiefem inneren Frieden. Insgeheim feuere ich die Verkäuferinnen an, damit sie der Sache einen außergewöhnlichen individuellen Touch geben, und jedesmal, ich schwöre es, *jedesmal* gehe ich reich beschenkt davon.

Erst in Spanien wurde mir klar, daß wir Deutschen in den frühen siebziger Jahren einem schamlosen Betrug aufgesessen sind. Damals, während der sogenannten »Ölkrise«, nahmen Supermärkte die gestiegenen Rohölpreise zum Anlaß, ihren Kunden für die Plastiktüten, in denen sie die gekauften Waren forttrugen, Geld abzuknöpfen. Die Maßnahme wurde nie rückgängig gemacht, auch nicht, als die Ölpreise wieder fielen. Sie blieb in Kraft, weil sie sich als ökologisch sinnvoll verkaufen ließ. In Wahrheit aber war die pädagogische Geste reine Heuchelei, ein Vorwand, um einen ohnehin schon kläglichen Kundendienst noch tiefer in den Sand zu setzen. Deshalb haben wir jetzt in Deutschland, was wir verdienen: einen so miserablen Kundendienst, daß man sich scheut, unserem spanischen EU-Partner das eigene Land als Reiseziel zu empfehlen.

In Spanien dagegen könnten selbst sieben Ölkrisen die Lust am fürsorglichen Einpacken nicht zerstören. Hier werden Sie in allen Lebensbereichen in den Genuß von Diensten kommen, die Ihnen über den Preis hinaus, den Sie dafür entrichten, das Gefühl geben, mit auffälliger Großzügigkeit behandelt worden zu sein – fast so, als dächte Ihr spanisches Gegenüber, Sie seien etwas Besonderes und verdienten Zuvorkommenheit. Man schenkt Ihnen Zeit, widmet sich Ihnen ganz und sieht die Aufgabe offenbar darin, Ihre Wünsche – seien es ungeputzte Schuhe, ein fehlendes Rädchen an Ihrem Wecker oder das Mittagessen, bei dem Sie ratlos über der Speisekarte grübeln – zu Ihrer Zufriedenheit zu erfüllen. Erinnern Sie sich an die junge Vespa-Fahrerin vom Anfang!

Das Gewerbe des Schuhputzers (*limpiabotas*), das Sie auf den Straßen vieler Städte sehen, könnte Sie allerdings verunsichern. Dürfen Sie das überhaupt, sich von jemandem die Schuhe putzen lassen? Können Sie das mit Ihrem aufgeklärten postkolonialen Gewissen vereinbaren? Womöglich noch, während Sie, körperlich und symbolisch erhöht auf einem Stühlchen, entspannt die Zeitung lesen? Oder gar wie der feine großstädtische Herr, den Sie am Tresen vor seinem Brandy sahen, während der Schuhputzer sich unten, in der Nachbarschaft von Zahnstochern und öligen Papierservietten, an seinem Fußleder zu schaffen machte? Abermals kann die Antwort nur heißen: Wenn Sie Wert auf saubere Schuhe legen, zögern Sie nicht! Sie haben es beim Schuhputzer mit dem Vertreter eines ehrbaren Berufsstandes zu tun. Nur in Granada mußte ich einmal einen aggressiven Gesellen abschütteln, der auch auf hartnäckige Nachfragen nicht bereit war zu verraten, wieviel er für seine Dienste berechnen wollte, aber schon im Begriff stand, seine Tuben auszupacken.

Wenn Ihnen immer noch unwohl dabei ist, beobachten Sie die Leute einmal bei der Arbeit, am besten die stationären. Vielleicht hat der *limpiabotas* ein weißes Schild vor seinem Stühlchen stehen, das mit kruden schwarzen Lettern verkündet: »Saubere Schuhe – eleganter Mann«. Seinerzeit hat mir allein die nostalgische Anmutung dieses Schildes das Herz gebrochen. Achten Sie nun auf den Arbeitsablauf, der weit komplexer sein dürfte als der Kauf von Wertpapieren. Erst löst der Schuhputzer dem Kunden die Schnürsenkel. Dann steckt er ihm zwei Plättchen vorne zwischen Schuh und Strumpf. Anschließend kommt die grobe Bürste für den groben Staub. Nun die dicke Creme, gefolgt von kleiner Bürste. Dann die dünne oder auch Naßcreme, gefolgt von einer größeren Bürste. Bei alldem sitzt der Schuhputzer vornübergebeugt, zu seinen Füßen ein Arrangement von Pasten, Salben und Tinkturen. Besonders hingebungsvolle Schuhputzer arbeiten intensiv mit Daumen und Handballen, namentlich beim Verreiben der Creme, wobei sie gelegentlich seufzen und ächzen. Der Kunde darf den Schuh, der gerade Pause hat, nicht auf dem Putzkasten abstützen, sonst läßt sich der Kasten, der aussieht wie ein Spielzeughaus, nicht mehr öffnen. Einverstanden. Jetzt abermals die dicke Creme und kräftig gerieben, für die Problemzonen am Spann. Dann ein anderes Tuch, ein sauberes, und wienern, wienern, wienern. Danach noch ein finaler Klaps mit der Handfläche. Der Schuhputzer bindet die Schnürsenkel wieder zu, so fest, als wolle er den Kunden stärken – für alle Wege, die noch vor ihm liegen.

Willst du bei mir bleiben?

Traut man dem Klischee, können die Spanier gut mit Kindern umgehen, etwa wie die Italiener. Allerdings hat sich die spanische Familienstruktur in den letzten zwei Jahrzehnten dramatisch gewandelt und von manchen familiären Üblichkeiten nur noch Schrumpfformen übriggelassen. Es ist nicht dasselbe, ob die Frau den Haushalt führt oder morgens ins Büro eilt; ob sie als stramme katholische Mama in die Kirche geht oder es bleibenläßt; und schließlich, ob sie elf Kinder hat oder eines. Heute gehört Spanien innerhalb Europas zu den Ländern mit der niedrigsten Geburtenrate.

Dennoch dürften sich gewisse Eigenheiten erhalten haben, vielleicht sogar mehr, als Soziologen sich träumen lassen. Die spanische Mutter neigt zum Gluckenhaften, aber auf rauhbeinige Art. Ihre Stimme kann laut und durchdringend sein, damit sie für ihre Brut jederzeit hörbar ist, aber vom hohen Geräuschpegel sollte man nicht auf übertriebene Besorgnis schließen. Spanische Mütter haben einen stark ausgeprägten Herdentrieb: Es zieht sie zu anderen spanischen Müttern. Vier, fünf spanische Mütter im regen Gespräch miteinander zu sehen ist nichts Ungewöhnliches. Dadurch wird die Bedeutung der Kinder, die im Hintergrund mitunter gefährlich herumtollen, heilsam relativiert.

Wie es dem Landestemperament entspricht, begegnen Spanier der Aufzucht der Kinder mit einer gewissen Großzügigkeit. Das ist für beide Seiten von Vorteil. Einerseits sind spanische Kinder – bei vergleichbarem Lebensstandard – besser gekleidet als deutsche sowie zu festlichen Gelegenheiten feiner herausgeputzt. Andererseits dürfen sie mit den feinen Klamotten aber auch im Dreck wühlen, denn jeder weiß, daß Kinder das am allerliebsten tun. So hoch der Aufwand für die Sonntagsgarderobe, so lässig der Umgang mit ihr: Sachen sind dazu da, getragen, versaut und wieder gewaschen zu werden. Mir scheint, das verrät einen stark entwickelten Sinn für die besonderen Momente des Lebens.

Babys lösen bei Spaniern unfehlbar Interesse, Sympathie, bisweilen sogar Begeisterung aus und führen zu vorhersehbaren und deshalb soziologisch präzise beschreibbaren Reaktionen. Bei Mädchen und Frauen heißt der standardisierte Entzückensausruf wahlweise *Qué mono!* oder *Qué monada!* – beides heißt etwa: »Wie süß!« Und es liegt ja auch tiefe Wahrheit darin, daß Neugeborene, ungeachtet individueller Häßlichkeit, in den Augen ihrer Eltern immer süß sind. Spanier haben also die beneidenswerte Fähigkeit, fremde Kinder aus der Sicht der Eltern und damit so wohlwollend wie irgend möglich zu beurteilen. Um bei fremden Neugeborenen, die einem im Kinderwagen entgegengerollt werden, das Geschlecht zu bestimmen, genügen zwei einfache Tricks (daß beide zugleich versagen, ist nahezu ausgeschlossen). Erstens achtet man auf die Kleidung. Da die traditionelle Zuordnung der Farben in Spanien noch wirksam ist, tragen Jungen meistens Himmelblau und Mädchen meistens Rosa. Zweitens mustert man unauffällig das Ohrläppchen. Denn Mädchen

bekommen unmittelbar nach der Geburt Ohrlöcher verpaßt, eine schmerzfreie Prozedur, die früh die Teilnahme
am femininen Konkurrenzkampf erlaubt und schon im
Vorschulalter zu leichten kosmetischen Vorteilen gegenüber Vertreterinnen aus Nordeuropa führt.

Kinder haben in Spanien wahrscheinlich ein unkompli-
zierteres Leben als in Deutschland. Denn die Langmut der
Erwachsenen den Kindern gegenüber ist groß, und daß sich
jemand über den Lärm, den sie machen, beklagen würde, ist
mir noch nicht zu Ohren gekommen. Alle Welt geht in-
stinktiv freundlich mit Kindern um. Sind sie dem Säug-
lingsalter entwachsen und können laufen, werden sie zur
willkommenen Abwechslung im Arbeitsalltag der Großen.
Betritt man mit einem kleinen Kind ein Kaufhaus, kann es
geschehen, daß zwei oder drei Angestellte herbeistürzen,
weniger um des großen Kunden willen als des kleinen. Es
gibt drei Standardfragen, die Erwachsene in Spanien an
fremde Kinder richten (nicht zwei, nicht vier, sondern genau diese drei und genau in dieser Reihenfolge). Sie lauten:
Wie heißt du? Wie alt bist du? Und: *Willst du bei mir bleiben?*
Letztere Frage wird von den Kindern stets verneint.

Nirgendwo zeigt sich die Mehrdeutigkeit der Welt so
unverhüllt wie bei der Kindererziehung. So zahlreich die
Theorien über eine gelungene Aufzucht, so viele ernüch-
ternde Gegenbeweise liefert das Leben. Nehmen wir das
unschuldige Phänomen des Kindergeburtstags. Jeder wird
zustimmen, daß dies im Leben des Kindes ein wichtiger
Tag ist. Was aber soll man mit ihm anfangen? Ihn so ge-
stalten, daß er pädagogisch wertvoll wird? Oder so, daß
die Kleinen ihren Spaß haben? Am besten wohl eine
Kombination aus beidem. Und hier tritt ein tiefer Wesens-
unterschied zwischen deutschen und spanischen Müttern

zutage. Deutsche Mütter leben in einer Kultur, die sie zu pausenloser Aktivität in Sachen Kinderbetreuung anstachelt. Was in dieser Hinsicht *Arbeit macht*, ist gut. Deutsche Kindergärten dienen nicht nur der Aufbewahrung der Kinder, sondern stellen auch ein gehobenes Beschäftigungsprogramm für die Eltern dar, dem diese sich nur entziehen können, wenn sie den Vorwurf nicht scheuen, Rabeneltern zu sein. Denn deutsche Kindergärten dienen der Ausbildung beider, der Kinder wie der Eltern.

Spanische Mütter dagegen sehen im Kindergarten eher eine fundamentale Entlastung. Das Ansinnen der Kindergartenleitung, die Eltern sollten sich an den pädagogischen Aktivitäten beteiligen, würden Spanierinnen entrüstet zurückweisen. Wofür bezahlen sie denn den teuren Kindergarten? Genauso handhaben sie Kindergeburtstage: indem sie die Ausrichtung der *fiesta de cumpleaños* gegen Geld an jemand anderen delegieren. Natürlich hängt diese Form der Geburtstagsfeier auch vom Einkommen der Eltern ab, aber da wir Spanier schon wiederholt als großzügig erlebt haben, steht einer zünftigen Party selten etwas im Wege. Man mietet also einen Raum, der für solche Zwecke zu mieten ist, mietet auch das Unterhaltungsprogramm in Gestalt eines Clowns (meistens wird derselbe Clown verpflichtet, der schon beim Kindergeburtstag der Nachbarn, Freunde und Bekannten so gute Dienste geleistet hat – warum die Dinge unnötig komplizieren?), und zusammen mit dem Raum bezahlt man Kuchen, Limonade, Süßigkeiten, Spielsachen. Die Vorteile: Man weiß, was man bekommt. Man kann viele Kinder einladen, mehr als in jeder Privatwohnung. Die Schokolade richtet keinen Schaden an. Überhaupt: kein Dreck, kein Ärger, keine Scherben. Die Eltern können, während die Kleinen umhersausen oder ihr bezahltes Unterhaltungsprogramm absolvieren, sich ihrerseits unterhalten und also tun, was Spanierinnen und Spanier am liebsten tun.

Der Impuls vieler deutscher Mütter – ein hochherziger Impuls – wäre es, einen individuellen Kindergeburtstag auszurichten. Denn bei dieser Gelegenheit läßt sich besser überprüfen, ob sich die Kinder auch niveaugerecht amüsieren – ob sie sich so verhalten, wie der tolle Kindergeburtstag, der um ihretwillen mit viel Mühe ausgerichtet wird, es zweifellos verdient. Diese »Mühe«, aus der soviel Mutterliebe spricht, würden sich spanische Mütter einfach nicht machen. Und beweisen damit wohl eine gewisse Lebensklugheit, denn am Ende könnte es ihren Kindern viel lieber sein, es mit einer standardisierten Form des Kindergeburtstags zu tun zu haben, die keine Erwartung enttäuschen kann, weil Kindergeburtstage – zumindest in dem Alter, von dem hier die Rede ist – die ewige Wiederkehr der immer gleichen Feste sind.

Es hieße an der Oberfläche der Dinge verharren, wenn wir der soeben beschriebenen Haltung spanischer Mütter nicht auf den Grund gingen. Denn was ihr Verhalten interessant macht, ist eine ungewöhnliche Mischung aus allgemeiner Fürsorge und partikularer Gleichgültigkeit. Allgemeine Fürsorge, darunter verstehe ich das ganze Alphabet des Umsorgens und Verhätschelns, das spanische Mütter schon als Kinder gelernt haben und später ungefiltert weitergeben: das Warmherzige, die zupackende Zärtlichkeit, die codierten Koseformen der spanischen Sprache und so fort. Eben weil die als klassisch feminin geltenden Eigenschaften in dieser Kultur, die bis vor kurzem eine patriarchalische war, so stark entwickelt sind, können es sich spanische Mütter an anderer Stelle leisten, an das eigene

Vergnügen zu denken. So selbstverständlich sie ihre Kinder lieben, sie wollen durchaus nicht jede ihrer Bewegungen überwachen.

Nun tritt noch ein Wesensmerkmal hinzu, das die Spanier in allen gesellschaftlichen Ausdrucksformen prägt, bei der Erziehung ihrer Kinder nicht weniger als im Straßenverkehr. Das ist die fehlende Systematik, der mangelnde Respekt vor Regeln, die entschiedene Unlust, sich von abstrakten Vorgaben gängeln zu lassen. Besonders im Zusammenhang mit Kindern sind Zuständigkeiten bedeutungslos. Wenn also auf dem Spielplatz ein Kind, das nicht das eigene ist, Schaden erleidet, gehen spanische Mütter selbstverständlich hin, nehmen das Kind in den Arm und spenden Trost. Deutsche, die das Leid eines fremden Kindes sähen, neigen eher dazu, stehenzubleiben und mißbilligend nach der Mutter Ausschau zu halten, die ihre Aufsichtspflicht verletzt.

Nur das Unprinzipielle an der spanischen Art vermag zu erklären, warum die Leute so fahrlässig mit Verkehrsampeln umgehen. In ihren Augen sind Ampeln nicht nur nützlich und notwendig, sie stellen auch eine tägliche Tyrannei dar. Da den Spaniern regelmäßig eingeforderte Unterwerfungsgesten auf die Nerven gehen, behandeln sie die Verursacher der Malaise mit Verachtung. Warnung: Schlagen Sie in Spanien keine vergebliche Schlacht, indem Sie erwachsene Menschen darauf hinweisen, sie müßten Kindern ein Vorbild sein und an der Ampel auf Grün warten, bevor sie die Straße überqueren. Niemand in Spanien könnte diesen Gedanken im Ansatz verstehen. Ordnung – oder was man in Deutschland dafür hält – ist in diesem Land keine erwünschte Tugend; schon die spanische Geschichte lehrt, daß alle Ordnungen anrüchig sind.

Das macht begreiflich, warum sich niemand berufen fühlt, bei anderen über die Einhaltung von Regeln zu wachen. Beherrschen Sie sich bitte, wenn Sie in Spanien Zeuge von täglich praktizierter Umweltkriminalität werden. Sie machen sich dadurch nicht mitschuldig. Sie müssen es einfach ertragen, daß Leute Plastikflaschen, Zigarettenschachteln oder unerwünschte Sandwiches aus dem Autofenster werfen. Um den Spaniern Gerechtigkeit widerfahren zu lassen, sollten Sie bedenken: Dem mangelnden Sinn für öffentliche Ordnung, der kläglichen Recycling-Kultur und der Abneigung, sich als soziales Vorbild aufzuspielen, alldem liegt auch die preiswerte Einstellung zugrunde, den Mitmenschen nicht herumkommandieren zu wollen. Die Bereitschaft, sich neue Losungen und Ideologien vollständig zu eigen zu machen (Bio-Ernährung, grüne und gelbe Abfalltonnen, lärmfreie Innenstädte), setzt ja ein gewisses Maß an Untertanengeist voraus.

Womit wir beim Thema wären, dem Verhältnis zwischen Frauen und Männern. Was immer Sie an Klischees über das Geschlechterverhältnis in einer Macho-Gesellschaft gehört haben mögen, es ist sicher etwas daran. So sehr aber die Männer sich auch aufspielen mögen (vor allem dann, wenn es keine weiblichen Zeugen gibt), so eindeutig sie auch heute noch im Arbeitsleben bevorzugt und bei der Hausarbeit und der Kinderbetreuung verschont werden, die Rollen beginnen sich zaghaft zu wandeln. Das dauert seine Zeit. Besonders in ländlichen Gegenden ist das Frauen- und Männerbild noch sehr traditionell geprägt. Handelte es sich allerdings früher, in der Franco-Zeit, um eine verschwiegene Sexualität, so drängte das Thema mit dem Anbruch der Demokratie in die Öffentlichkeit. Die »Entdeckung« der Sexualität durch Zeitschriften, Bücher und Filme, die abrupte Liberalisierung ist in Spanien unter dem Begriff *destape* bekannt. Das Wort bedeutet das Entfernen des Deckels vom Topf. Besser noch, man stellt sich im Topf kochendes Wasser vor.

Mehr als fünfundzwanzig Jahre später ist auch die Ära des *destape* längst historisch geworden. Es war drei Monate nach Francos Tod, als sich eine Spanierin, María José Cantudo, im kommerziellen Kino erstmals vollständig auszog. (1964 war auf der Leinwand erstmals eine Frau im Bikini zu sehen gewesen, Elke Sommer.) Anfang 1977 war die Filmzensur in Spanien aber noch nicht abgeschafft, und die Lage schien unübersichtlich. Einerseits stürzten sich die Regisseure in die Arbeit, um die Abwesenheit des Diktators zu nutzen; dabei entstanden Titel wie *Die Frau ist Männersache*, *Nackte Unruhe* und *Erzählungen von weißen Laken*. Andererseits protestierte die katholische Kirche scharf gegen die bedenkliche Lockerung der Moral, konnte aber den ramponierten Deich gar nicht so schnell stopfen, wie das Wasser durch die Lücken drang. Geradezu rührend mutet die Klage gegen einen Film an, der es entgegen geltender Zensurbestimmungen gewagt habe, nacktes Fleisch »in Bewegung« zu zeigen. Ein königlicher Erlaß vom September 1977 hob die Zensur von Filmen schließlich auf. Im Jahr darauf war auch in Madrid zum erstenmal *Die Geschichte der O.* zu sehen.

Wahrscheinlich ist es nur mit der eisernen Doppelklammer von Kirche und Franco-Staat zu erklären, daß die Liberalisierung in Spanien so heftig erfolgte – und so lange anhält. Denn Sex ist noch immer ein wichtiges Thema in Zeitungen, Zeitschriften und Fernsehen, und jeder Straßenkiosk verkauft ohne Bedenken harte Pornographie. Im

Schatten einer flächendeckend ausgestellten kommerziellen Sexualität, zu der auch detaillierte Kleinanzeigen von Prostituierten in den seriösen Tageszeitungen gehören, hat sich allerdings die Emanzipation der Frauen ansehnliches Terrain erobert. Zum Zeitpunkt der ersten demokratischen Wahlen 1977 gab es in Spanien noch keine Verhütungsmittel und keine Ehescheidung. Ehebruch war nur bei Frauen strafbar, während er bei Männern stillschweigend vorausgesetzt wurde. Frauen konnten ohne die Genehmigung ihres Ehemanns auch kein Bankkonto eröffnen.

Das Verblüffendste in den Augen deutscher Beobachter ist, daß die Spanierinnen von Anfang an die Modernisierung der Rollenbilder betrieben haben, ohne in die ideologische Falle zu gehen. Auf lila Latzhosen, schlabberige T-Shirts, ungeschminkte Gesichter unter strengem Kurzhaarschnitt, kurz: auf die aggressiven Vermännlichungs- oder Entsexualisierungssignale der Emanzipationsbewegung in den nordeuropäischen Ländern haben die Spanierinnen vollständig verzichtet. Dadurch verhindern sie nicht nur, daß ihre Anliegen als sektiererisch abgestempelt werden, sie bewahren sich auch Charme und Unverkrampftheit. Spanischen Frauen ginge nicht in den Kopf, was die Verwendung von Make-up und Seidenstrümpfen mit ihren Rechten zu tun haben soll.

Wem es auf ein paar Jahre Verzögerung nicht ankommt, der kann in Spanien dieselben gesellschaftspolitischen Trends beobachten wie in Deutschland. Mit dem Vorteil, daß sich der Verlauf der Kurve ziemlich genau voraussagen läßt. Ende der neunziger Jahre etwa schrieb die ehemalige sozialistische Kulturministerin Carmen Alborch ein Buch mit dem Titel *Solas*, das zur Bibel der allein lebenden Frau wurde und sich mehr als dreihunderttausendmal verkaufte. Das Thema des weiblichen Singles, in Deutschland wohl eher ein alter Hut, war endlich auch in Spanien angekommen. Im Jahr 2002 veröffentlichte Carmen Alborch ein zweites Buch. Es trägt den Titel *Malas*, was man wohl mit »Böse Mädchen« übersetzen muß, und fand in den ersten acht Tagen nach Erscheinen vierzigtausend Käufer(innen). Auf den Anzeigen, die für das Buch warben, sah ich eine gepflegte Frau mit rotblonder Mähne und komplizenhaftem Lächeln. Ihre Kleidung war mit Sorgfalt ausgewählt. Ich dachte: So böse die spanischen Mädchen auch sein mögen, sie werden immer darauf achten, sich ordentlich anzuziehen.

Feste des Lebens

D er Sevillaner«, schrieb der dänische Schriftsteller Martin Andersen Nexö 1903 in seinem Buch *Sonnentage*, »der Sevillaner ist faul, nachlässig, aber nur dem Nützlichen gegenüber. Er hat einen weitoffenen Sinn für alles, was unterhalten und zerstreuen kann, und der Menschenstrom auf Straßen und Plätzen erzeugt den doppelten Eindruck von lässigem Müßiggang und rastlosem Jagen.« Sicherlich meinen die Sevillaner dasselbe, wenn sie sagen, die Kultur Sevillas sei die Kultur der *bulla*. Dieses schöne Wort bedeutet Lärm, Gedränge, Radau, notfalls auch eine Prügelei. Wo *bulla* herrscht, da ziehen Menschen durch die Straßen, stehen sich auf den Füßen, drängeln, essen, trinken, lachen. Der spanische Ausdruck *estar de bulla* heißt »gut drauf sein«. In besonderem Maß gilt das für die Stadt Sevilla während der Osterwoche. Nachmittags gehen die Leute los, morgens um drei kommen sie wieder nach Hause – wenn sie dorthin finden. Dann schlafen sie und sammeln Kräfte für den nächsten Tag. Und so geht es die ganze Woche, von Palmsonntag bis Karsamstag.

Während in Sevilla der Volksfestcharakter dominiert, herrscht anderswo feierlicher Ernst. Diese Vielfalt gilt für die spanische Fiesta überhaupt. Ob Fronleichnam in Toledo oder in Granada gefeiert wird, ist ein gewaltiger Unterschied: Während hier eine würdige Kirchenprozession voranschreitet, tobt dort reiner Jahrmarkt. Tausende von Fiestas werden das ganze Jahr hindurch gefeiert, mit wechselnden Anteilen religiösen Gefühls. Der uralte Stierkampfkult lebt in den *Sanfermines* von Pamplona weiter. Manchem kleineren Ort sieht man nicht sofort an, welche heidnisch-katholische Mischung er bereithält. Es war aber eher ein heidnischer Anlaß, der mich eines Tages nach Calanda führte.

Wer aus Richtung Madrid nach Calanda kommt, einem Dreitausendfünfhundert-Seelen-Dorf in Aragonien, hat weite, menschenleere Gegenden passiert, Orte mit herbpoetischen Namen wie Tobillos (Knöchel), Castel de Cabra (Ziegenburg) und Ojos Negros (Schwarze Augen). Weiter südlich, an kleineren Straßen, gibt es Orte, deren Namen »Kalte Burg« oder »Rohes Brot« bedeuten, »Kaninchenhügel« oder auch »Gefängnisturm«. Karge Welt! Aber durchaus eine Welt mit Geschichte. Die Krone Aragoniens, die Ferdinand 1475 durch seine Eheschließung mit Isabella der Krone Kastiliens hinzufügte, umfaßte seinerzeit auch Valencia und Katalonien.

Zu Pferd muß dies eine anstrengende Landschaft gewesen sein. Manchmal geht es auf zwölfhundert Meter hoch, der Horizont ist weit, ein Bild von spröder Grandiosität. Auf fabelhaft asphaltierten Straßen rauscht das Auto einsam dahin; wenn sich rechts etwas bewegt, sind es vielleicht zwei Alte mit O-Beinen, unterwegs von einem Dorf zum anderen. Etwas anderes als den Fußmarsch kennen sie nicht. Das erste dann, was ich in Calanda sah, war der »Platz der Märtyrer«, ein franquistisches Mahnmal für die Gefallenen des Bürgerkriegs; schon ein paar Meter weiter hatte ich die Mitte Calandas erreicht, die etwas großspurig bezeichnete Plaza de España, deren Form an eine schlanke

Salmiakpastille erinnert. Geradeaus liegt eine Gruppe von drei Gebäuden: die Kirche, das Rathaus und die Villa, in der am 22. Februar 1900 Luis Buñuel geboren wurde.

Die Buñuels gehörten zu den wohlhabendsten Familien der Gegend. Der Vater des Regisseurs hatte seinen Reichtum auf Kuba erworben und führte in der zweiten Lebenshälfte ein müßiges Leben, erst in Calanda, danach in Saragossa. Luis Buñuel hat in dem Dorf nur seine ersten Lebensmonate verbracht, kam aber bis zum Alter von sechzehn Jahren jeden Sommer wieder. Auch die Osterwoche verbrachte er in Calanda. Hier, so schreibt er in seinen Erinnerungen *Mein letzter Seufzer*, »dauerte das Mittelalter bis zum Ersten Weltkrieg«. Die Kirche warnte vor den Sünden des Fleisches, die den jungen Buñuel lockten, und über allem hing die Ahnung des Todes, eine süße Morbidität, die durch Totenprozessionen, Sterbeglöckchen und die erregte Betrachtung von Tierkadavern zum Alltag gehörte.

Wenn Calanda heute einen gewissen Ruhm genießt, dann nicht nur als Geburtsort des größten spanischen Filmregisseurs, sondern vor allem wegen der Tradition des Ostertrommelns. Zwischen Karfreitag Punkt zwölf Uhr mittags und derselben Zeit am Karsamstag schlägt sich der ganze Ort in einem kollektiven Rausch die Finger blutig, Jungen und Mädchen, Kinder und Alte. Nur während der Prozession herrscht Ruhe, der Rest dieser vierundzwanzig Stunden ist reiner Lärm, markerschütterndes Dröhnen und Wummern, eine nach außen gewendete Ekstase, die den Boden, die alten Steinwände und die Körper selbst erbeben läßt. Neun Orte der Gemarkung Bajo Aragón haben sich zu einem »Weg der Trommeln und Pauken« zusammengeschlossen. Aber nirgends, schreibt Buñuel, geschehe das Trommeln »mit einer so geheimnisvollen und unwiderstehlichen Kraft wie in Calanda«.

Die Trommeln der Karwoche kommen in mehreren von Buñuels Filmen vor, und auch im hohen Alter hat sich der Regisseur zu dem eigenartigen Brauch bekannt. Ein Plakat, das hier überall zu sehen ist, zeigt ihn als stolzen Blechtrommler, und man weiß, daß er guten Freunden gern eine Trommel aus Calanda schenkte. Um des großen Sohnes zu gedenken, beschloß der Ort, zum ersten Mal in seiner Geschichte außerhalb der Karwoche zu trommeln: genau zum Anbruch des hundertsten Geburtstags, der Nacht zum 22. Februar 2000, exakt eine Stunde lang. Es war eine der denkwürdigsten Stunden meines Lebens. Und es gab niemanden, dem ich meine Empfindungen hätte ins Ohr brüllen können.

Kurz vor Mitternacht hatte sich die Plaza de España dicht mit Menschen gefüllt. Die Größe der Trommeln reichte von rund einem Meter Durchmesser (die dicke Pauke für die Stärksten des Dorfes) bis zum handelsüblichen Oskar-Matzerath-Format. Als der Bürgermeister vom Balkon des Rathauses aus das Nummernplättchen, das die Tage rückwärts zählt, von der 001 auf die 000 wendet, setzt der Donner ein: eine Seligkeit, die sich mit einer Plötzlichkeit des ganzen Platzes bemächtigt, als stünde dort eine einzige Person. Man schweigt und schlägt. Der Blick nach außen scheint sich zu leeren, der Rest geht nach innen, ins Gemüt, das ganz dem Trommeln hingegeben ist. Auch die Jungen zeigen einen Ernst, der Ehrfurcht einflößt. Die Leute sind in Gruppen organisiert, die ihren eigenen Rhythmus finden und ihn gegen benachbarte Gruppen zu behaupten versuchen. Gewonnen hat, wer der Nachbargruppe den eigenen Rhythmus aufzwingt.

Ein kleines Kind steht in der Mitte eines Kreises, eine kleine Trommel umgehängt, und ahmt die Technik der Großen nach. Ein einäugiger Alter lehnt sich an die Kirchenwand und lauscht den Trommeln wie den Sphärenklängen sublimer Musik. Elias Canetti hätte das erleben sollen, vielleicht wäre ihm etwas zum Phänomen der »Schlagemeute« eingefallen; jedenfalls straft das Dorf Calanda sein Wort von der »Langsamkeit und Ruhe« des Katholizismus Lügen.

Um Punkt ein Uhr gibt der Bürgermeister ein Zeichen, und die Trommeln ersterben so rasch, daß ich benommen bin. Das Gehör kann noch nicht glauben, was die Augen sehen. Wir meinen den Klang der letzten Schläge über den Dorfplatz davonwehen zu hören und wissen nicht, ob es wirklich der Nachhall echter Trommeln ist oder das Rasseln und Rauschen in unseren Köpfen.

Buñuel schrieb, der Ursprung der Trommeltradition gehe auf das »Wunder von Calanda« im Jahr 1640 zurück, als einem frommen Mann durch das Wirken der Jungfrau ein Bein, das seit drei Jahren amputiert war, wieder zurückgegeben wurde. Aus der überflüssigen Krücke habe man Trommelstöcke geschnitzt. Ebenso wahrscheinlich ist, daß die Trommeln lautlich das Unwetter nach dem Tod Christi nachahmen; mehr als ein Hauch von Exorzismus, Buße und Selbstkasteiung ist auch dabei. Wer mit dem Wissen um Calanda das amputierte Bein von Cathérine Deneuve in Buñuels Film *Tristana* aus dem Jahr 1970 sieht, gewinnt jedenfalls eine ganze Dimension von Volksglauben und Fetischismus hinzu. Hitchcock, der den Film zusammen mit Buñuel sah, soll immer wieder ausgerufen haben: »Ah, das amputierte Bein von Tristana!«

Man hält die Aragonesen übrigens für eher spröde und

etwas langsame Menschen. Zur Eile ist auch kein Anlaß. Bei so vielen Bergen läuft kaum etwas weg. Besonders langsam, fast schon in einem unzugänglichen Herrgottswinkel des Landes versteckt, ist Teruel, die Hauptstadt der gleichnamigen Provinz (die anderen beiden Provinzen, aus denen Aragonien besteht, sind Huesca und Saragossa). Schauplatz einer der erbittertsten Schlachten des Spanischen Bürgerkriegs, hat sich Teruel eigentlich nie von seiner kuriosen Rolle im bergigen Niemandsland befreien können: Entweder man geht fort – oder man bleibt da und verdämmert. Es gibt keine großen Warenhäuser in Teruel, denn es gibt keine Kunden. Dreißigtausend Menschen, davon viele schon alt, locken keinen Investor. Die umliegenden kleinen Dörfer bringen auch keine Massen auf die Beine. Neun Einwohner auf einen Quadratkilometer, so dünn besiedelt ist keine andere spanische Provinz. Konsequenterweise wurde Teruel von der modernen Verkehrstechnologie und sämtlichen Infrastrukturmaßnahmen beharrlich übersehen. Angesichts fortwährender Mißachtung durch das übrige Spanien hat die Stadt sich das trotzige Motto »Teruel existiert!« zugelegt – und patentieren lassen.

Ich hatte einmal das Vergnügen, in Teruel mehrere Nächte zu verbringen. Ich kam nachts um zwei an. Die Wirte der *Fonda*, in der ich mit Glück ein Zimmer reserviert hatte, zwei Brüder, arbeiteten in der Bar, die sehr groß, sehr laut und brechend voll war. Einer der beiden, Rafa, stellte einen Getränkekasten ab, führte mich zur Pension hinauf und hielt mir den Schlüssel hin. »Bad können wir dir leider nicht geben«, sagte er, »da sind Gruppen von zwei oder drei Leuten angekommen, die haben Vorrang. Dafür ist dein Zimmer billiger.« Er berechnete mir

21 Euro pro Nacht. Dann erzählte er mir, daß die *Fonda* »El Tozal« die älteste Pension Spaniens sei, dokumentarisch belegt seit dem sechzehnten Jahrhundert. »Unten, wo jetzt die Bar ist«, sagte Rafa, »standen vor dreißig Jahren noch die Pferde. Das Haus hier lag genau am Stadtrand. Die Leute kamen immer nachts an, so wie du jetzt, sie verschätzten sich bei der Reise. Wer kein Geld hatte, schlief bei den Pferden.« Er zeigte auf die uralten Balken in der Decke. »Alles genau wie damals.« Auch die Sache mit dem Badezimmer, wollte ich ergänzen, ließ es aber bleiben. Schließlich war auch der Übernachtungspreis eher von damals.

Von Teruel aus fuhr ich am nächsten Tag Richtung Norden weiter. Ursprünglich wollte ich wieder nach Calanda, aber dreizehn Kilometer davor blieb ich hängen, in einem Ort, der ebenfalls dem »Weg der Trommeln und Pauken« angehört. Er trägt den hübschen Namen Alcorisa und kann sich, was Lautstärke und Enthemmung betrifft, mit seinem Nachbarn Calanda nicht annähernd messen. Es scheint eher, als legte Alcorisa besonderen Wert darauf, daß der Krach seine gute Ordnung hat. Ein Erlaß des Bürgermeisters, der an der Plaza General Franco aushängt, untersagt das Trommeln jedem, der keine Tunika hat. Und wer eine trägt (meistens sind sie violett, mal mit Gesichtskapuze, mal ohne), tut obendrein gut daran, auf die Kommandos zu hören, die das Losschlagen und Innehalten der Trommeln und Pauken synchronisieren.

Eigentlich ist der Stolz des Dreitausendseelen-Ortes Alcorisa nicht das Trommeln, sondern der Kreuzweg. Er liegt oben auf dem Berg, der sich so drohend über das Dorf erhebt, als könnte es ihm eines Tages einfallen, es unter sich zu begraben. Und dort oben, am Golgatha von Alcorisa, spielt der zweite Teil des Passionsspiels *Das Drama des Kreuzes*, das die Bewohner an jedem Karfreitag aufführen. Diesmal ist das Wetter scheußlich. Auf den Gebirgsstraßen wenige Kilometer entfernt hat es in der Nacht zuvor geschneit. Doch die Römer haben auch in diesem Jahr nackte Beine, und die einzige Konzession an die Temperaturen sind warme Socken in den dünnen Sandalen. Wir stehen also da und knöpfen die Jacken zu. Als Jesus zu den Vögeln des Himmels emporblickt, sie säen nicht, sie ernten nicht, da gucken auch wir ins Graue, bis uns ein paar Regentropfen auf die Augenbrauen fallen. Und als Jesus sich in seinem weißen Gewand niederbeugt, um seinen Jüngern die Füße zu waschen, geht ein Frösteln durch die vermummten Zuschauer. Petrus, der hier Pedro heißt, klingt ungehalten, als er Jesus wegen der Fußwaschung Vorwürfe macht. Und wir können ihn verstehen.

Über die Jahre haben die Alcorisaner dort, wo das Dorf zu Ende ist, eine ziemlich weitläufige Theaterlandschaft angelegt. Links führen acht Steinstufen zu der Stelle, an der das letzte Abendmahl stattfindet. Weiter rechts eine höhere Treppe und fünf Säulen, dort wird Pontius Pilatus das Urteil sprechen. Dahinter eine Rasenfläche, jetzt feucht vom kalten Nieselregen, auf der die Bergpredigt spielt. Das *Drama des Kreuzes* war von Anfang an eine Sache von Dorfamateuren. Jede der Hauptrollen wird für drei Jahre besetzt, danach kommen andere an die Reihe. Jesus Christus, der im zweiten Jahr steht, ist eine gute Wahl. Er sieht aus wie Cat Stevens auf der Höhe seines Ruhms, schwarze Mähne, schwarzer Bart, nachdenkliche Augen. Nur bei der Dramaturgie lassen sich die Alcorisaner von einem professionellen Theatermann aus Saragossa helfen. Dort, in der Presse der hundertdreißig Kilometer entfernten Hauptstadt Aragoniens, sind auch schon Artikel über ihr Kreuzesdrama erschienen. Ein Organisator erzählt, bei gutem Wetter kämen viermal soviel Zuschauer, wie Alcorisa Einwohner hat.

Der Berg, genannt *monte calvario*, ist die wahre Hauptfigur dieses Passionspiels. Wenn man von unten, wo Christus gerade zum Tode verurteilt wird, nach oben schaut, sieht man auf den Kämmen ameisenkleine Zuschauer, die das Drama aus der Entfernung verfolgen. Es ist wie in den Winnetou-Filmen von damals – dieselbe Erregung bei der Vorstellung, wie weit eine Kugel fliegen, wie weit ein Pfeil schwirren könnte. Eine Dame zu meiner Linken rät mir, mich allmählich auf den Weg nach oben zu machen, der Aufstieg Jesu mit der Menge sei einen Blick vom Berg hinunter wert. Sie selbst kenne es, sagt sie, sie gehe jetzt nach Hause. Und überläßt mir ihren Regenschirm. »Geben Sie ihn dort in der Bar ab, für Mercedes, dann wissen die Leute Bescheid.« Ich nehme Mercedes' Schirm, einen stabilen Damenschirm, gut fürs Bergwandern oder um einen zum Tode Verurteilten zur Eile anzutreiben.

Und dann geht es los: Christus trägt endlich die Dornenkrone und ein Kreuz auf der Schulter. Jemand schlägt ihn, Flüche und Beschimpfungen fallen. Dreihundert Menschen, ein Zehntel der Bevölkerung, haben Gewänder und Kopftücher angelegt. Ich halte mich mit dem Damenschirm zurück. Der Weg nach Golgatha hinauf ist nicht kurz, wir benötigen zwanzig Minuten. Bevor wir das Dorf verlassen, stoßen wir auf Läden, wo wir für einen Dinar (einen Euro) ein Stück Käse kaufen können. Aber der Händler bremst unsere Gier und ruft: »Erst wenn Jesus vorbeigezogen ist!«

Wir warten darauf, daß Jesus vorbeizieht. Sicher friert er

in seinem dünnen Gewand, manche aus dem Volk haben die Schals fester gezogen, hier und dort werden Schirme aufgespannt, auch wenn das die Sicht auf das Spektakel behindert. Einer ruft: »Wartet mit dem Kreuzigen, bis wir alle oben sind!« Ein anderer: »Gibt's da irgendwo eine Kneipe?« Als wir oben ankommen, sind die Füße kalt wie nach einer Schneewanderung. Jesus und die beiden Übeltäter, die mit ihm gehenkt werden sollen, liegen im struppigen Gras und werden angebunden. Das Volk murmelt, schnattert, quakt. Zigaretten werden angesteckt. Einige halten Videokameras in die Luft.

Als auch Jesus am Kreuz hängt, der Wind über das flache Gras auf dem Bergrücken fegt und der Regenhimmel in Dämmerung übergeht, zucken Blitzlichter aus allen Richtungen. Wir sind das Volk. Sicher sind wir uns über zweitausend Jahre gleichgeblieben. Wer will, kann sich eine Erinnerung an diesen Nachmittag mitnehmen, zum Beispiel die *piedrecicas del calvario* (»Steinchen des Kreuzwegs«): Mandeln der letzten Ernte, in Vollmilchschokolade getaucht und mit Rosmarinhonig verfeinert. Damit das Volk auf dem Heimweg etwas zu knabbern hat.

Daß sich religiöse Anlässe in eine Schlemmerei verwandeln, würden Spanier nicht als heuchlerisch, sondern als menschlich und überaus realistisch empfinden. Auch das Weihnachtsfest verrät einiges über die Mentalität des Landes. Früher wurden die Geschenke in Spanien erst am 6. Januar, dem Dreikönigstag, überreicht, inzwischen aber hat die Kommerzialisierung des Weihnachtsfestes auch den 25. Dezember gekapert und dadurch eine wochenlange Such- und Kaufmanie über das Land verhängt. Dieser Leidenschaft werden erstaunliche Opfer gebracht. An den glücklich erbeuteten Geschenken, nicht nur an Kleidungsstücken, baumeln bei der Übergabe immer noch die Etiketten, weil jeder damit rechnet, daß der Beschenkte das Geschenk umtauschen wird. Deshalb bewahrt man auch gern die Originaltüte auf. Folglich kommt es in Spanien zu zwei großen Umtauschwellen, wo es in anderen Teilen der Erde nur eine gibt: einmal in den Tagen nach dem 24. Dezember, dann nach dem 6. Januar.

Unbestritten bleibt allerdings der Dreikönigstag ein besonderes Datum im Leben der allerkleinsten Konsumenten. Am Vorabend, dem 5. Januar, was zufällig auch der Geburtstag des spanischen Königs Juan Carlos ist, ziehen die drei Weisen aus dem Morgenland, *los Reyes Magos*, in einem festlichen Umzug, der vom staatlichen Fernsehen übertragen wird, durch die Madrider Innenstadt. Aus einem anfangs recht gemütlichen Umzug ist im Lauf der Jahre eine große, glitzernde und prächtige Veranstaltung geworden, die konkurrierende Umzüge in den einzelnen Madrider Stadtteilen so ziemlich verdrängt hat. Ob es die helle Weihnachtsbeleuchtung ist, die gute Laune oder die schiere Überzahl an Kindern, die auf Leitern oder den Schultern ihrer Eltern das Ereignis verfolgen: Wahr ist jedenfalls, daß dieses Volksfest das friedlichste und harmonischste von allen ist.

Madrilenen spotten, der Abend des 5. Januar sei die einzige Zeit im Jahr, zu der sich die im Rathaus vertretenen politischen Parteien einmal einig seien. Das mag daran liegen, daß sich hinter den Kostümen von Melchior, Kaspar und Balthasar Stadtverordnete der drei stärksten politischen Gruppierungen verbergen. Ihre Aufgabe bei diesem Umzug zwingt sie, die Menge vom Wagen herab (jeder hat einen eigenen) gutgelaunt und volksnah zu grüßen. Wer dabei welches Kostüm anlegt, bestimmen die Mehrheitsverhältnisse im Stadtrat. Traditionell begnügt sich die dritte und kleinste Kraft im Rathaus, die Vereinigte Linke (*Izquierda Unida* oder IU), mit der Rolle des Balthasar. Der Umzug beginnt gegen 18 Uhr am Retiro-Park und endet zwei Stunden später an der Puerta del Sol mit dem Verteilen von Geschenken. Nicht nur Kaufhäuser, Restaurantketten und große Firmen haben einen eigenen Wagen, auch Feuerwehr, Polizei, Sanitätsdienste und der Madrider Zoo, so daß unter den Teilnehmern mit Spürhunden, Kamelen, Panthern und Robben zu rechnen ist. In einem der letzten Jahre wurden hunderttausend Kilo Bonbons und eine Million Kaugummis verteilt.

Nun ist aber mit den zwei spanischen Geschenkterminen am 25. Dezember und 6. Januar keineswegs alles ausgestanden. Denn unglücklicherweise beginnt am 7. Januar der Winterschlußverkauf, so daß sich die zweite nachweihnachtliche Umtauschwelle gleichsam unter die erste zaghafte Schlußverkaufswelle wälzt und umgekehrt. Fällt der 7. Januar auf einen Montag, ist Feiertag (das heißt, die Kinder gehen nicht zur Schule), die Kaufhäuser aber haben trotzdem geöffnet. All das ist nur deshalb zu ertragen, weil die Spanier menschenmengentauglich sind. Sie entwickeln ihre bewundernswerten Sozialtugenden (Humor, Langmut, Lässigkeit) gerade dann, wenn sie bei uns Deutschen in höchstem Maß gefährdet sind, nämlich im dichten Gewühl, das immer auch Züge von *bulla* trägt.

Vor diesem Hintergrund kommt der dreiteiligen Fotosequenz, die die katalanische Tageszeitung *La Vanguardia* im Januar des Jahres 2001 auf ihrer Titelseite veröffentlichte, anthropologische Bedeutung zu. Die Bilder zeigen den Moment, in welchem ein Großkaufhaus in Barcelona die gläsernen Schleusen öffnet, um die Winterschlußverkaufswelle einzulassen, Menschen jeder Altersstufe, behängt mit Taschen und Beuteln, lachend, laufend, rennend. Doch warum *drei* Bilder? Weil es sich um die Zielfotos der Jahre 1999, 2000 und 2001 handelt, immer aus demselben Winkel aufgenommen. Und jetzt kommt das Erstaunlichste: Dreimal konnte dieselbe Frau das Finish für sich entscheiden. Und dreimal ist auf den Bildern eine zweite, etwas ältere Frau zu erkennen, die der Siegerin dicht auf den Fersen bleibt und damit stets einen der vorderen, immer noch ehrenvollen Plätze belegt.

Die ältere Frau, es ist offensichtlich, hat ihren Platz in der Spitzengruppe beharrlich dem heranrückenden Alter abgetrotzt. Gewinnen wird sie wohl auch im Jahr 2002 nicht, aber Reife und Erfahrung kommen ihr zugute; wie manchen *Kletterern* im Radsport traut man ihr den einen oder anderen Etappensieg zu. Ihre Haltung allerdings hat sich über die Jahre leicht verändert. Läuft sie 1999 gleichsam blind über die Ziellinie, den Blick konzentriert in eine entfernte Kaufhausecke gerichtet, hebt sie im Jahr darauf schon die rechte Hand zu einem scheuen Winken: *They never come back*, das soll für sie nicht gelten! Doch erst im Jahr 2001 entfaltet sie jene selbstbewußte Gelassenheit im Umgang mit dem Erfolg, den ihr Mann, ihre Brüder, ihre Nichten und Enkel vermutlich an ihr schätzen: Ein freies, aber nicht überhebliches Lächeln erhellt ihre Züge, die rechte Hand schwebt höher als im Vorjahr, der naturweiße Trenchcoat verrät ihr gestiegenes Bewußtsein für die Präsenz der Medien.

Ganz anders die Siegerin, an der sich die umgekehrte Entwicklung beobachten läßt. Reißt sie im Jahr 1999 noch in wilder Triumphgeste, die auf langes, entsagungsvolles Training schließen läßt, den rechten Arm in die Höhe, so daß die Kamera statt ihrer Hand nur einen diffusen Flekken erfaßt, zeigt das Bild des Jahres 2000 eine lachende, womöglich mit einem Hauch Selbstironie versehene Siegerin. Sie weiß (so wie es auch Boris Becker nach seinem zweiten Wimbledon-Sieg wußte), daß sie Geschichte gemacht hat.

Und mit diesem gesteigerten Wissen in ihren entspannten Zügen präsentiert sie sich dem Betrachter im Jahr 2001, nach dem dritten Triumph in Folge, für den sie nicht einmal, anders als im Vorjahr, den hellen Mantel aufzuknöpfen brauchte, der derselbe ist wie in den beiden Jahren zuvor, gewissermaßen ihr Wettkampftrikot – sie steht da, lächelnd, aber nicht ausgelassen, weil das Lächeln längst nach innen geht, über ihrer Schulter die in drei Wettkampfjahren bewährte Einkaufstasche. Und fast möchte man die Bewegung ihrer Hände als Beschwichtigung deuten, als wollte sie sagen: *Ich habe abermals bekommen, was ich wollte, aber ich hatte es schon dreimal, vielleicht lasse ich im nächsten Jahr eine andere gewinnen, doch verlaßt euch nicht darauf, der Sieg, er schmeckt immer noch süß.*

Erst am Tag nach der Veröffentlichung der Bilder fand die Zeitung *La Vanguardia* heraus, daß die beiden Frauen Schwestern sind. Niemand zweifelt daran, daß sie es in der relativ jungen Disziplin des Kaufhauslaufs zu mindestens regionalem Ruhm bringen werden. Ein Verlorener, der sich nicht in dieses Schicksal versenken wollte. Denn es erzählt nicht von Gier, Neid und anderen häßlichen Dingen, die so oft das menschliche Miteinander vergiften, sondern von fairem sportlichen Wettkampf und dem kostbaren Augenblick der Selbsterkenntnis. Es zeugt vom Glück des Winterschlußverkaufs.

Ein wahrhaft unzerknirschtes Land

In einem früheren Kapitel haben Sie von den drei Arten gehört, Kaffee zu trinken: *café solo*, *café cortado*, *café con leche*. In der Praxis besteht der Unterschied allein darin, wieviel Milch der Barmann in den Kaffee gießt. Schwer vorstellbar, die Spanier könnten Spaß daran finden, fünf, sieben oder gar elf verschiedene Kaffeevariationen zu probieren. Ihre ganze kulinarische Kultur ist auf Reinheit und Natürlichkeit der Zutaten aufgebaut. Nur diesen, nicht dem Raffinement der Zubereitung, verdankt die spanische Küche ihren Ruf. Doch die puristische Auffassung von den Rohstoffen verrät mehr über die Spanier, als man zunächst annehmen möchte. So wie die allermeisten Produkte, vom Kaffee einmal abgesehen, aus dem Land selbst stammen und eine bestimmte regionale Eßkultur repräsentieren, so ist auch ihre allgemeine Bezeichnung von größter Schlichtheit. Eine sprachliche Albernheit wie »Gänseleber *an* Feldsalat« wird Ihnen auf spanischen Speisekarten nicht begegnen. Erstens glaubt niemand daran, schmuckvolle Sprache könne das Urteil des prüfenden Gaumens manipulieren, zweitens werden Manierismen aus anderen Kulturen, in diesem Fall der französischen, ungern importiert, und drittens ist dem spanischen Empfinden jede Überdifferenzierung fremd.

Wer mit diesem Bewußtsein in ein modernes Berliner

Café geht, das sich selbstredend *Coffee Shop* nennt, versteht die Welt nicht mehr. »Today's Morning Special auch for Take away«, steht dort bemüht verheißungsvoll. In einem deutschen Coffee Shop ist die Verkehrssprache Englisch. Die zahlreichen Kaffeetypen (Espresso, Latte und so fort) tragen italienische Bezeichnungen. Die Mengenangaben dagegen (*small*, *medium*, *large*) müssen auf englisch erfolgen, ebenso wie die Benennung von amerikanischen Frühstücksoptionen wie Bagles, Muffins oder Pancakes, unter denen sich das altmodische französische Croissant wacker behauptet. Die verschiedenen Tees wiederum werden in indischer Sprache benannt: *Chai*. Die aparte Kombination »Chai Latte« dürfte nur in Deutschland anzutreffen sein.

Schon flüchtige Eindrücke aus einem Frühstückscafé, hier dem spanischen, dort dem deutschen, bringen fundamentale Mentalitätsunterschiede an den Tag. Indem man die Deutschen beschreibt, zeichnet man das Gegenbild der Spanier – und umgekehrt. Es ist hinreichend bekannt, daß die Katastrophe des Hitler-Regimes, der Zusammenbruch der alten Institutionen und der erzwungene Neubeginn nach dem Zweiten Weltkrieg die Deutschen zu unsicheren Wesen gemacht haben. Ihr Patriotismus ist wackelig, allein das Wort käme vielen nicht über die Lippen; ihre Heimatliebe diffus, auch hier müßte wohl erst ein anderer Begriff her, um sich zur Idee der »Heimat« bekennen zu können; und Volkslied, Folklore, traditionelles Brauchtum sind im Bewußtsein der Mehrheit eine Sache regionaler Minderheiten, die man mit Kniebundhose, Janker oder Gamsbart assoziiert und die als Zielgruppe am ehesten in Erscheinung treten, wenn im öffentlichen Fernsehen geklatscht und geschunkelt wird. Kurz, der *moderne Deutsche* ist nicht volkstümlich.

Daß er nicht volkstümlich ist, stellt er mit Ausdauer unter Beweis. Der moderne Deutsche läßt fremdsprachige Floskeln lässig in seine Rede fließen. Er reist viel, er reist gern, und was er schon gesehen hat, geht auf keine Kuhhaut. Sein Heimatdorf oder die Provinz hat er definitiv hinter sich gelassen, auch wenn sein Eigenheim womöglich auf dem Lande steht. Weltläufigkeit ist nicht an den Ort gebunden. Der moderne Deutsche trägt amerikanische Schuhe, trinkt italienischen Prosecco, kauft griechischen Käse und geht zum japanischen Imbiß, während er seine Weine neuerdings *beim Spanier* kauft. Diese Bezeichnung ist sehr deutsch: *zum Thailänder, zum Äthiopier, zum Vietnamesen* essen gehen. Weil der moderne Deutsche zur Verleugnung des Deutschen tendiert, läßt er alle Nationalitäten unterschiedslos an sich vorbeizockeln und pickt sich heraus, was paßt. Vorurteile hat er nicht. Oder kaum. Hat er nicht so viel Fremdes im eigenen Land, daß ihn nichts mehr überraschen kann?

Erst in Spanien habe ich gelernt, die Tugenden des modernen Deutschen zu schätzen. Seine Neugierde und Offenheit, seine beträchtlichen Kenntnisse. Daß ihm die Generation der Eltern oder Großeltern eine zertrümmerte Tradition und einen kaputten Patriotismus hinterlassen haben, dafür kann er nichts; er macht aber das Beste daraus. Er lernt Sprachen, interessiert sich für Fremdes, ist auch anpassungswillig: Exotische Gebräuche oder Moden, die ihm einleuchten, übernimmt er sofort. Schaut man auf die Bestsellerliste, fällt auf, daß der moderne Deutsche seine Lektüre am liebsten aus anderen Ländern bezieht. Auch daher rührt das hohe Niveau des deutschen Übersetzungshandwerks. Manche ausländischen Bücher waren in Deutschland ein größerer Erfolg als in ihrem jeweiligen

Heimatland – *Mein Herz so weiß* von Javier Marías ist nicht der einzige Fall. Im Klartext: Deutsche lesen, besuchen, benutzen ungern etwas, nur weil es deutsch ist. Sie wollen nicht eng und national oder gar *nationalistisch* denken. Irgendwie fühlen sie sich verpflichtet darüberzustehen.

Spanier empfinden so nicht, im Gegenteil. Das Verhältnis zur eigenen Geschichte ist innig, ungetrübt und ein wenig sentimental. Es wäre einfältig zu glauben, die Franco-Diktatur, immerhin eine fast vierzigjährige Etappe, hätte die Spanier Selbstzweifel oder Zerknirschung gelehrt. Ihre Großzügigkeit gegenüber Fremden ruht auf einem stabilen Fundament der Selbstbejahung. So erklärt sich, daß sie ein Phänomen wie den Tourismus, der für das wirtschaftliche Überleben des Landes von essentieller Bedeutung ist, seelisch erstaunlich gut verkraften. Denn es ist – und war besonders in den ärmeren Jahren – keine leichte Aufgabe, den Fremden das schöne Land als Spielwiese und ganzjährig geöffneten Genußpark zur Verfügung zu stellen. Um das zu erreichen, muß man einerseits teilen können und sich andererseits ein unbeflecktes Idealbild für den Eigenbedarf erhalten. Deshalb empfehle ich dem Spanienbesucher, sich den Aufenthalt leichtzumachen und gegenüber den Einheimischen vor allem das Typische, Bekannte und Berühmte zu loben.

Loben Sie zum Beispiel den Wein, die Oliven, die Sonne, den Fisch. Halten Sie sich an der Küste auf, loben Sie das Wasser oder die Luft! Und in den alten Städten empfiehlt es sich, deren Alter zu loben. Aufgepaßt: Ironie, Originalität und Überdifferenzierung sind eher hinderlich. Werden Sie nach Ihrer deutschen Heimatstadt gefragt, gilt das eben Gesagte mit anderen Vorzeichen. Kölner sollten in schlichter Form vom Kölner Dom berichten, Frankfurter von ihren glitzernden Banken und Münchner vom Oktoberfest, wahlweise auch vom Marienplatz. Leipzigern oder Dresdnern dagegen steht eine formidable Aufgabe bevor. Sobald sich herausstellt, daß Sie aus dem *Osten* stammen, wird für die Reize ihrer Heimatstadt kein Platz mehr sein. Dann müssen Sie ganz allgemein etwas über das Verschwinden des Kommunismus und das neue Lebensgefühl *im Westen* sagen. Seien Sie aber sicher, daß man Sie freundlich auffordern wird, bei Wein und Tapas kräftig zuzugreifen, denn *früher, im Osten, kannten Sie diese Speisen ja nicht.*

Moderne Deutsche sollten auf Reisen nicht so unfair sein, den Spaniern ihre eigenen subtilen Gedanken über Echtheit und Authentizität anzudichten. Was Sie als allzu »touristisch« empfinden, könnte von einem andalusischen Restaurantbesitzer einfach nur gut gemeint sein. Hier läßt sich ein Mechanismus beobachten, der in beide Richtungen wirkt. Da der ausländische Besucher zur Erfüllung seiner Sehnsüchte ein kräftiges, authentisches Spanien braucht, tun die Spanier gut daran, diesem Bild zu entsprechen. Und irgendwann beherrschen sie ihr Handwerk annähernd perfekt.

Das sich selbsttätig fortzeugende Image, das für die Prospekte der Reiseveranstalter entstand, ist freilich nicht der einzige Faktor. Durch ihre Geschichte haben die Spanier über lange Zeiträume den Kontakt zum Fremden und anderen verloren. Die große Einheitsbestrebung der spanischen Monarchie, die 1492 in der Eroberung Granadas sowie der Vertreibung der Juden und der Mauren ihren gewaltsamen Ausdruck fand, hat das Land für mehrere Jahrhunderte versiegelt. Was dem Aufstieg zur Weltmacht folgte, waren Armut, Ausbeutung, politisches Chaos und Krieg. Im neunzehnten Jahrhundert lebte Spanien mit dem Rücken zu Europa. Die Intellektuellen-Generation von 1898 schließlich propagierte eine »kastilische« Einheitsidentität, die weder der Herkunft der betreffenden Schriftsteller entsprach noch die Vielfalt der Identitäten ins Kalkül zog, aus denen Spanien seit Jahrhunderten bestand. Und als sich das Blatt hätte wenden können, mit der Gründung der Zweiten Republik im Jahr 1931, dauerte es nicht lange, da versank Spanien im Bürgerkrieg und danach in einer bleiernen Diktatur. Kurz und knapp: Die Spanier waren lange unter sich. Fremde Ideen blieben dadurch stets exotisch. Fremde Sprachen neigen ohnehin dazu, sich spanischen Zungen zu widersetzen. Als in den fünfziger und sechziger Jahren spanische Arbeitsemigranten nach Holland, Deutschland und in die Schweiz gingen, konnte von Assimilierung kaum eine Rede sein. Manche Vertreter der zweiten spanischen Generation blieben im Ausland, die Mehrheit jedoch zog es zurück in die Heimat, sobald das Rentenalter erreicht war oder die Verhältnisse sich besserten.

Unter diesen Umständen ist es weniger verwunderlich, daß Spanien den Beginn der großen europäischen Einwanderungsdebatte verschlief. Während die Immigration in anderen Ländern längst Wahlkampfthema war, wurden an den spanischen Südküsten Sommer für Sommer tote Menschen angespült, ohne daß die Politik sich des Problems angenommen hätte. Dann erwachte Spanien mit einer Detonation aus dem Schlummer. Die Nöte der marokkanischen Arbeitsimmigranten wurden zum Skandalstoff. Um diese Geschichte zu verstehen, empfiehlt sich eine Reise an den südlichsten Punkt der Iberischen Halbinsel, in die Kleinstadt Tarifa an der Meerenge von Gibraltar. Nicht nur an rauhen Tagen bläst der Wind hier so unbarmherzig, daß man achtgeben muß, von tiefhängenden Palmwedeln keine Backpfeife zu bekommen. Feiner Sand fegt durch die Straßen und treibt die Leute in die Häuser zurück. Bis zur Mitte der achtziger Jahre war Tarifa vor allem wegen seiner ungewöhnlich hohen Selbstmordrate bekannt. Von hier aus ist bei klarer Sicht Tanger zu erkennen. Nur dreizehn Kilometer Wasser trennen Spanien von Marokko, aber was so verführerisch nah erscheint, ist vielen illegalen Einwanderern zum Verhängnis geworden. Zu Dutzenden auf kaum seetüchtige Boote gepackt, meist Männer, aber auch schwangere Frauen, überqueren sie bei Nacht die Meerenge und hoffen, unentdeckt an Land zu kommen. Was danach geschieht, bleibt dem Zufall überlassen. Tausende sind in den letzten Jahren in Schlauchbooten oder als geheime Fracht in Lieferwagen nach Spanien gelangt, angelockt durch die Schilderungen von Freunden oder Familienangehörigen. Viele von ihnen sind ertrunken. Eine zu traurigem Ruhm gelangte Pressefotografie zeigt im Vordergrund eine Handvoll Badetouristen am Strand von Tarifa, im fernen Hintergrund mehrere Leichen, über die der Wind fegt.

So lange es eben ging – und bei vielen geht es noch heute –, haben die Spanier die billigen Lohnkräfte aus dem Maghreb, kurz und abfällig *moros* genannt, als puren Wirtschaftsfaktor betrachtet. Jahrelang kamen Immigranten ohne Aufenthaltserlaubnis durch. Sie wurden eingestellt und entlassen nach Bedarf, hatten keine Rechte und kosteten keine Sozialversicherung. Dann beschloß die konservative Volkspartei (PP) nach ihrem Wahlerfolg im März 2000, das kaum achtzehn Monate existierende Einwanderungsgesetz zu verschärfen: Vom Januar 2001 an konnten Immigranten ohne gültige Papiere in ihre Herkunftsländer abgeschoben werden, und wer einen »undokumentierten« Arbeiter einstellte, mußte mit einer Geldbuße von rund sechstausend Euro rechnen. Schlimmer noch, die nichtregistrierten Einwanderer verloren das Recht auf Versammlungen, Demonstrationen und Streiks, den Anspruch auf Ausbildung und medizinische Versorgung. Statt zweier Jahre mußten sie nun mindestens fünf Jahre in Spanien gelebt haben, um eine dauerhafte Aufenthaltsgenehmigung zu erhalten.

Es war weniger der Gesetzestext als solcher, der Kritik auf sich zog, als der buchhalterische Dünkel, mit dem die Einwanderer aus dem Maghreb, aus Lateinamerika oder Schwarzafrika von einem Tag auf den anderen in zwei Klassen eingeteilt wurden. Doch die Regierung hatte sich verschätzt. Ein gesellschaftspolitischer Konflikt brach aus: Hunderte von illegalen Immigranten besetzten in Barcelona Kirchen, traten in den Hungerstreik und trugen ihr Problem in die Öffentlichkeit. Unterstützung erhielten sie auch von der katholischen Kirche. Nichts dürfte die Regierung mehr geärgert haben als die Forderung der spanischen Bischöfe, die illegalen Einwanderer mit Papieren auszustatten.

Fährt man von Tarifa aus Richtung Osten, bekommt man eine Ahnung davon, wie nicht nur das Gesetz, sondern auch gesetzestreue Bürger die Einwanderer verstoßen. Die Autofahrt an der spanischen Südküste ist eine surreale Erfahrung. Während sich im westlichen Abschnitt, von Marbella über Málaga bis Nerja, dicht an dicht die Betonburgen für den Badetourismus in den Himmel recken, liegt im östlichen Teil alles flach am Boden: Hier erstreckt sich auf einer Länge von rund zweihundert Kilometern ein grünweißlich schimmerndes Meer von Plastik.

Die geniale Idee mit den Treibhäusern (*invernaderos*) hat Almería, der heißesten Provinz Spaniens, in den letzten zwei Jahrzehnten zu einem beispiellosen Aufschwung verholfen. Für die harte Erntearbeit bei Temperaturen bis zu fünfzig Grad setzen die Landwirte von Almería vor allem Marokkaner ein, die die Hälfte aller Einwanderer in dieser Provinz ausmachen. Daß die zarten Pflanzen unter der wetterfesten Plastikhülle etwas ganz besonders Kostbares sein müssen, glaubt man sofort: Jeden verfügbaren Meter haben sich die *invernaderos* einverleibt, stoßen rechter Hand ans Meer und kriechen links so weit die Berge hinauf, daß man fürchtet, sie im nächsten Moment abrutschen zu sehen. Mitten in dieser profitablen Landschaft, fünfzehn Kilometer vom Meer entfernt, liegt die Stadt El Ejido.

Der Name hat keinen guten Klang. Am 5. Februar 2000 gingen die Bewohner der Stadt zu Hunderten mit Baseballschlägern und Eisenstangen gegen die marokkanische Bevölkerung vor, verwüsteten Geschäfte, zerstörten die ärmlichen Behausungen und jagten die ungeliebten Fremdlinge aus dem Ort. Die Fernsehbilder gingen um die Welt. Doch in den zwölf Monaten nach den xenophoben Ausschreitungen, denen die örtliche Polizei merkwürdig tatenlos gegenüberstand, geschah so gut wie nichts. Hunderte von Strafverfahren wurden eingestellt. Der Wochen andauernde Medienrummel hat bei der Bevölkerung von El Ejido nur Gereiztheit und Mißtrauen hinterlassen.

Der unscheinbare Ort hat sich seit Mitte der siebziger Jahre gleichsam neu erfunden. Vorher suchten hier spanische Einwanderer aus Murcia, Katalonien und aus den armen Bergdörfern der Alpujarras ihr Glück mit dem Anbau von Weintrauben. Mühsam wurden dem trockenen Boden unsichere Ernten abgerungen, und oft reichte es für die vielköpfigen Familien gerade zum Überleben. Auch aus dieser Gegend wanderten Leute nach Deutschland aus, um der Stagnation in der andalusischen Landwirtschaft zu entkommen. Wer in El Ejido blieb, erlebte allerdings ein Wunder. Irgend jemand begann damit, seine Pflanzen vor Regen und Kälte mit Plastikplanen zu schützen. Andere ahmten ihn nach, und innerhalb weniger Jahre entwickelte sich eine Landwirtschaft, die für jede Frucht und jedes Gemüse das perfekte Mikroklima schuf. Ein Tomatenkeimling, der Anfang September gesetzt wird, liefert zwischen November und Ende Mai drei Ernten, also auch dann, wenn anderswo keine Tomaten zu bekommen sind.

El Ejido wuchs und erklärte sich zur unabhängigen Gemeinde. Schon Mitte der achtziger Jahre kam Erntehilfe aus dem Maghreb. Viele Spanier brachten es zu Wohlstand, bauten sich ein Zweithaus und konnten es sich leisten, die körperliche Arbeit anderen zu überlassen. Nostalgisch wird heute das alte Verhältnis zwischen Patron und Tagelöhner beschworen. Von der gesellschaftlichen Integration der *moros* war jedoch schon damals nicht die Rede. Mit dem Zustrom von Marokkanern seit Mitte der neunziger Jahre verfestigte sich die Rollenverteilung; die Konkurrenz unter den Lohnkräften erlaubte es den Großbetrieben, legale und illegale Einwanderer gegeneinander auszuspielen und die Löhne zu drücken. Das Gesetz schreibt für Landarbeiter – acht Stunden Arbeitszeit, Montag bis Samstag – einen Mindestlohn von etwa dreißig Euro am Tag vor. Doch viele landwirtschaftliche Unternehmer zahlen nur zwischen zwanzig und fünfundzwanzig Euro. Normale Wohnungen werden an Marokkaner nicht vermietet; die Arbeiter wohnen in Steinbaracken, die der

Brotherr gegen Lohnabzug zur Verfügung stellt, oder in *chabolas*, provisorischen Quartieren aus Pappe und Plastikplanen, ohne Wasser, ohne Strom. Ich habe diese Behausungen einmal besucht. In einem Kellerloch auf freiem Feld, zu dem es kein Haus mehr gab, hausten neun Männer auf sechzehn Quadratmetern zusammen. Das ganze Feld war mit Müll übersät, in Sichtweite standen die Reihenhäuschen anständiger Leute. Als Dach benutzten die Marokkaner die in dieser Gegend unvermeidlichen Plastikplanen. Zum Schlafen dienten zwei Matratzen von je 1,80 Meter Breite. Die Männer sagten, alle neun paßten gemeinsam darauf, und lachten. Da wußte ich, daß es Tomaten und Gurken in der Provinz Almería besser haben als Menschen.

Alte Linke und neue Rechte

Politische Lagerbezeichnungen haben in jedem Land ihre eigene Tradition und dadurch einen Beiklang, der der Bedeutung entscheidende Nuancen hinzufügt. So auch in Spanien. »Rechts« und »links« scheinen dort klare Begriffe zu sein, von der Geschichte in einem dreijährigen Bürgerkrieg (1936 bis 1939) höchstpersönlich herausgemeißelt. Die Rechten und die Linken, das sind: hier die Gewinner, dort die Verlierer. Rechts die nationalkatholischen Putschisten um Franco samt einem Fußvolk von Landbesitzern, Geistlichen, Traditionalisten und mancherlei Profiteuren. Links die Verteidiger der Republik, die Ausgewanderten, Unterdrückten, die anonym Erschossenen und Verscharrten. Jahrzehnte hindurch bedeutete die Rechts-Links-Typologie der spanischen Gesellschaft nur dies: Täter und Opfer. Der Schriftsteller Rafael Chirbes hat dieser Prägung in seinem Roman *Der lange Marsch* ein literarisches Denkmal gesetzt.

Für die spanische Rechte, eine Bewegung ohne Vision, interessieren sich heute nur noch Historiker. Und die Zahl der aktiven Franco-Nostalgiker ist gering. An den obligatorischen Gedenktagen bieten sie jedenfalls einen kümmerlichen Anblick. Was der Diktator ideologisch einmal wollte, blieb immer an die Werte der Militärs, der Kirche und der konservativen Großgrundbesitzer des neunzehnten Jahrhunderts gebunden; selbst in einem rückständigen Land sah ein solches Programm irgendwann alt aus.

Oft ist darüber gerätselt worden, warum sich Francos Diktatur von 1939 bis zu seinem Tod im November 1975 halten konnte, zwar am Rande der europäischen Bühne, aber mit stillschweigender Billigung der demokratischen Nachbarn. Die Antwort lautet: So wie Spanien in den dreißiger Jahren ein Übungsfeld für den Kampf linker und rechter Totalitarismen war, der schließlich in den Zweiten Weltkrieg mündete, so zwangsläufig wurde es nach Beendigung dieses Krieges zum nützlichen Bauern in den strategischen Überlegungen des neuen Westeuropa. In Spanien regiert ein Diktator? *Never mind!* Ein rechter Katholizismus nahm sich in den Planspielen des Kalten Krieges unendlich viel attraktiver aus als gottloser Kommunismus.

Viele der heute aktiven Künstler und Schriftsteller haben die Spätphase des Regimes als Jugendliche erlebt. Anders als die vorherige Generation, die möglicherweise Erfahrungen in den Kellern von Francos Geheimpolizei gesammelt hatte, konnten die jungen Leute warten. Der *Generalísimo* alterte vor ihren Augen. Touristen strömten Jahr für Jahr ins Land und unterwanderten die Idee eines kontrollierten, abgeschotteten Spanien. Schon Jahre vor dem Ableben Francos, so erzählt die Journalistin Rosa Montero, habe sich die spanische Gesellschaft inwendig liberalisiert und nur noch die Anstandsfrist verstreichen lassen, bevor sie sich an demokratische Reformen machte. Dieser Kokon des Widerstandsgeistes würde erklären, warum die Diktatur so rasch zum Auslaufmodell werden konnte.

Über den schrittweisen, aber unaufhaltsamen Übergang zur Demokratie – *transición* – nach Francos Tod sind Bibliotheken geschrieben worden. Bemerkenswert an diesem Vorgang sind Züge, die nicht zu den üblichen Begleitern historischer Umwälzungen gehören: die Verlangsamung, die Fähigkeit zum Kompromiß, der Abschied vom Prinzipiellen. Der alte Franco-Staat mußte dazu gebracht werden, sich mit Hilfe seiner eigenen Institutionen aus den Angeln zu heben; das Regime sollte keine andere Wahl haben, als an seiner Selbstabschaffung mitzuwirken. Daß dies gelang, wird zum guten Teil der Entschlossenheit und dem strategischen Geschick des 1938 geborenen Königs Juan Carlos I. zugeschrieben. Viele hatten ihn für ein Geschöpf des greisen Diktators gehalten. Aber als er die Machtfülle ausspielen konnte, welche die Nachfolgeregelung ihm gewährte, nutzte er allen verfügbaren Raum für seinen Reformkurs. Er ernannte Adolfo Suárez, einen blendend aussehenden Anwalt, der durch seine Vergangenheit im Regime wenig belastet war, zum jüngsten Ministerpräsidenten der spanischen Geschichte. Und Suárez entwickelte sich zum Gorbatschow des alten Systems. Die Veränderungen, die er mutig ins Werk setzte, drängten wenige Jahre darauf auch seine eigene Partei, die konservative UCD, von der politischen Bühne. Es hat lange gedauert, bis Spanien diesem Mann die gebührende Anerkennung für seine Rolle zuteil werden ließ.

Uns Deutschen mag etwas an der spanischen Art, den »Übergang« zu bewerkstelligen, gegen den Strich gehen. Das ist das Fehlen jeglichen Moralisierens. Man kann es auch ambivalenter sagen: Spanien verzichtete nach annähernd vierzig Jahren einer Unterdrückungsherrschaft auf die Endabrechnung und damit auf die Möglichkeit, dem Recht im juristischen Sinn Genüge zu tun. Jedem war ja klar, daß sich mit dem Verschwinden des Diktators ein gefährliches Machtvakuum gebildet hatte. Würden die Arbeiter ihre Unzufriedenheit auf die Straße tragen, würden Gewerkschaften zum Streik aufrufen, linke Parteien aus der Illegalität emportauchen? Würde die Opposition sich vereinen und die Reste des alten Staates gewaltsam beiseite fegen? Oder andersherum: Würden die Militärs und Francos Statthalter nervös werden, dem unerfahrenen König in den Arm fallen und Panzer auffahren lassen?

Beide Szenarien schienen im Bereich des Möglichen. Und beide brachten die grausigen Bilder des Bürgerkriegs zurück. Juan Carlos I. entschied sich dafür, die Extreme einander anzunähern. Mit dem dritten königlichen Amnestie-Erlaß vom März 1977 begnadigte er nicht nur die Mitglieder der inhaftierten (linken) Opposition, sondern weitete den Gnadenakt auf alle Handlungen »mit politischer Absicht« aus. Damit hatten sämtliche Verbrecher, Folterer und Schmarotzer des alten Systems ihren Generalpardon in der Tasche. Andererseits war den Altfranquisten die Grundlage für Störmanöver gegen die Reformen entzogen. Weil das Projekt der nationalen Versöhnung schon so weit vorangeschritten war, verwandelte sich der Putschversuch vom 23. Februar 1981 innerhalb weniger Stunden in Operette. Ein Jahr später gewannen die Sozialisten unter Felipe González mit absoluter Mehrheit die Parlamentswahlen. Spanien war eine normale Demokratie.

Vergleicht man den spanischen Umgang mit der eigenen Vergangenheit mit der deutschen Aufarbeitungskultur, die heute die Epoche des Nationalsozialismus überzieht, fällt einem das Wortspiel ein, das institutionelles und privates Vergessen in eins setzt: Der *Amnestie* folgt die *Amnesie*. Nicht daß die Deutschen sich ihrer Vergangenheit freiwillig gestellt hätten; sie mußten dazu gezwungen werden, sowohl vom Ausland wie von ihren eigenen Kindern. Aber das dunkelste Kapitel der deutschen Geschichte wurde so zu einem Thema, das eine eigene Diskursindustrie, zahlreiche Universitätsfächer, Gedächtniskulturen und auch die eine oder andere Sentimentalisierung durch Hollywood hervorgebracht hat. In Spanien liegt der Fall anders. Hier werden viele Rechnungen auf ewig offenbleiben. Eben deshalb bleibt ein leiser Groll auf seiten der historischen Verlierer lebendig. Ein aufrechter Linker, *un hombre de izquierdas*, blickt auf das konservative Lager nicht nur mit politischer Ablehnung, sondern auch mit moralischem Ressentiment. Natürlich schwächt sich diese Empfindung mit den Jahren ab, denn die Zeugen von Bürgerkrieg und Diktatur werden immer weniger. Aber das Gefühl, damals auf der richtigen Seite gestanden zu haben, gehört zusammen mit cincr gewaltigen Ohnmachtserfahrung zu den Identitätsmerkmalen der spanischen Linken.

Hier eine interessante Anekdote: Am 22. August 1935 gegen zwölf Uhr Mittags rast ein gepanzerter Wagen über eine enge Landstraße zweihundert Kilometer westlich von Madrid. Unter den fünf Insassen befinden sich Francisco Franco, damals Generalinspekteur der Streitkräfte, seine Frau Carmen Polo und seine Tochter Carmencita. An einer Neigung der Straße rammt der Wagen zwei Fahrradfahrer, die in Richtung Salamanca unterwegs sind. Durch den Aufprall, vielleicht auch durch das verspätete Ausweichmanöver, platzt an Francos Auto ein Reifen; das Fahrzeug überschlägt sich zweimal und landet, die Räder nach oben, im Straßengraben. Einer der beiden jungen Männer auf dem Fahrrad stirbt noch am Unfallort, der andere wird mit schweren Verletzungen ins Krankenhaus gebracht. Durch die Panzerung des Autos bleiben die Insassen fast unverletzt. Zeugen aus dem nahe gelegenen Dorf, dem die zwei Arbeit suchenden jungen Männer entstammen, behaupten, Franco selbst habe am Steuer gesessen. Unmittelbar nach dem Unfall seien der General und seine Familie von der Polizei rasch in einen anderen Wagen verfrachtet und fortgebracht worden.

In der monumentalen Franco-Biographie von Paul Preston (1993) taucht dieses Ereignis nicht auf. Die Akten, die das gerichtliche Nachspiel dokumentieren, wurden in den sechziger Jahren bei einem Feuer im Gerichtsgebäude von Salamanca vernichtet. Daß der Unfall überhaupt stattgefunden hat, läßt sich nur aus zwei Quellen rekonstruieren: verstreuten Notizen in der damaligen Lokalpresse sowie dem mündlichen Zeugnis, das der hochbetagte Bruder des getöteten Fahrradfahrers sechzig Jahre später ablegte.

Im Winter 1998 erzählte dieser Bruder der katalanischen Zeitung *La Vanguardia*, wie der Ausbruch des Spanischen Bürgerkriegs im Juli 1936 das Gerichtsverfahren verschleppte, bis es – nun bereits im Franco-Staat mit einem unantastbaren *Generalísimo* an der Spitze – in ein absurdes Urteil mündete: Der verstorbene Fahrradfahrer, so der Spruch des Richters, habe die Kosten für die Behandlung seines überlebenden Freundes sowie für die Reparatur des beschädigten Wagens zu tragen; da der Verurteilte verstorben sei, müsse jedoch von der Zahlung abgesehen werden. Der Vater des Opfers focht das Urteil an. Vergeblich. Immerhin brachten ihm seine hartnäckigen Briefe an Franco mehrere Privataudienzen ein, in denen ihm ausführliche Trostworte zuteil wurden. Der Rest ist Schweigen.

Der geschilderte Vorgang spricht Bände. Einmal, weil er den Rang individueller Zeugenschaft beweist, selbst viele Jahrzehnte danach. Dann wegen der späten Publikation in der spanischen Tagespresse, die solche Fälle bereitwillig aufgreift und zu spektakulären Geschichten aufbläst. Und drittens, weil die faktische Überprüfung schlechthin unmöglich ist. Seit Jahren verbleiben unzählige Einzelschicksale aus Bürgerkrieg und Franco-Zeit in einem riesigen Reservoir disparater Anekdoten, zu denen es weder Deutung noch Synthese gibt. Die Jahre der Repression, besonders die Zeit zwischen 1939 und 1947, haben viele persönliche Erinnerungen unterdrückt und das Rechtsempfinden amputiert. Wo sich die Gegenwart für ein schreiendes Unrecht einfach nicht interessiert, muß das Gedächtnis in mündlich tradierte Geschichten ausweichen, die irgendwann in den Rang von Folklore aufsteigen. Damit verschwinden Augenmaß und Überparteilichkeit. Was soll ein Historiker mit solchem Material anfangen?

Ich vermute, etwas Ähnliches ist mit der traumatischen Erfahrung des Spanischen Bürgerkriegs geschehen. Weil es jahrzehntelang keine »richtige«, keine allgemein akzeptierte Deutung der tragischen Ereignisse zwischen 1936 und 1939 gab, ergoß sich der Erklärungs- und Rechtfertigungsdrang in eine unüberschaubare Memoirenliteratur. Und weil Franco sich so lange an der Macht hielt, geriet auch seriöse historische Forschung, die regimekritisch auftrat, in den Ruch des Parteiischen. Es ist nicht ganz zufällig, daß die wichtigen frühen Arbeiten großenteils von angelsächsischen Historikern wie Raymond Carr, Stanley Payne oder Hugh Thomas stammen. Dieses Defizit haben spanische Historiker erst in den letzten Jahren aufgeholt.

Das Projekt der nationalen Versöhnung hat längst seinen fünfundzwanzigsten Geburtstag gefeiert, da darf man sich ein wenig Offenheit erlauben. Auch das Thema »politische Gewalt« gerät ins Blickfeld. Plötzlich stehen die ermordeten Priester, die pauschalen Vergeltungsaktionen der Linken zum Opfer fielen, neben den Toten der Franco-Repression und Hunderten von Menschen, die von ETA ermordet wurden. Daß diese Toten genannt und beziffert, jedoch nicht mehr gegeneinander aufgerechnet werden, ist zweifellos ein Fortschritt. Man strebt Bilanzen an, sachlich, kühl und ohne Eifer, als sei das Publikum eine ferne Nachwelt. Und in gewissem Sinn ist es das auch.

Denn einiges spricht dafür, daß sich die jüngeren Spanier nur mäßig für Franco und sein Erbe interessieren. Von offizieller Seite wurde lange Zeit nichts getan, um das zu ändern. Die »offizielle Seite«, das war bis zum März 2004 die konservative Volkspartei (*Partido Popular*), die durch Häutung aus der *Alianza Popular* des ehemaligen franquistischen Ministers für Information und Tourismus, Manuel Fraga Iribarne, hervorgegangen ist. Dort also, beim konservativen Nachwuchs, zu dem auch einmal Ministerpräsident Aznar zählte, hat niemand Interesse, das Bild Francos lebendig zu halten. Programmatisch ist man längst über ihn hinweg, auch wenn zwei Dutzend Straßen oder Plätze in Madrid und unzählige weitere im ganzen Land noch immer seinen Namen tragen. Den historischen Antifranquismus der Linken findet die Volkspartei ausgesprochen lästig. Er erinnert sie an ihre ideologische Herkunft. Wundert es da, daß die Lust an der Aufarbeitung der jüngeren Vergangenheit gedämpft ist?

Statt dessen entfaltet sich in bezug aufs Politische ein ungehemmter Inszenierungswille, der dem spanischen Gemüt ja keineswegs fremd ist. Hier haben laute Propagandatricks mehr Gewicht als diskrete, im Hintergrund erbrachte Leistungen. Jemand ist unzufrieden mit der Sozialpolitik der Regierung? Macht nichts. Ist nicht der Regierungschef persönlich nach Andalusien gefahren, um dem greisen Dichter Rafael Alberti, einer Ikone des republikanischen Exils, seine Aufwartung zu machen? Und hat nicht ein konservativer Politiker verlauten lassen, wenn García Lorca, der von Francos Schergen 1936 ermordete Poet, heute lebte, würde er den *Partido Popular* wählen? So einfach ist es, im Reich des Symbolischen die Truppen zu postieren. Die spanische Regierung gab viel Geld dafür aus, die Gedenkjahre von König Philipp II. (1998) und Karl V. (2000) mit Ausstellungen, Festakten und Konzerten zu feiern. Aber als sich der Tod Francos zum fünfundzwanzigsten Mal jährte, hielt sie sich auffallend bedeckt. Zwischentöne und Grauschattierungen sind erkennbar nicht ihre Sache, Reue erst recht nicht.

So sind die neue Rechte und die alte Linke in Spanien auf eine Weise aneinander gefesselt, wie es CDU und SPD in Deutschland niemals waren. Die spanische Rechte ist traditionell etwas rechter, die Linke etwas linker als bei uns. Das Mißtrauen zwischen den verfeindeten Lagern ist ungekünstelt, die Abneigung spürbar und der Umgangston entsprechend scharf. Die Mitgliedschaft in der Europäischen Union scheint im Begriff, die Gegensätze ebenso zu nivellieren wie der gestiegene Wohlstand und die objektiven Anforderungen einer modernen Dienstleistungsgesellschaft. Aber im Jahre 2000 tappten die Sozialisten (PSOE) unter Oppositionsführer Joaquín Almunia noch einmal in die selbstgestellte Falle: Sie schlossen mit der noch kompromißloseren Vereinigten Linken (IU) ein Bündnis gegen Regierungschef Aznar, vertrauten auf die alten politischen Instinkte und gingen damit fürchterlich baden. Wo alle europäischen Volksparteien heutzutage zum vermeintlich ideologiefreien Zentrum streben, da rückte die spanische Linke entschlossen nach links und wurde dafür an den Wahlurnen bestraft. Der Gegner gewann überraschend die absolute Mehrheit. Erst mit einem entschlackten, gemäßigten Programm bei den Wahlen von 2004, dazu getragen von der öffentlichen Erregung nach den Madrider Terroranschlägen des 11. März, gelangten die Sozialisten wieder an die Macht.

Es ist nicht ohne Ironie, daß Deutsche in Spanien von einer kuriosen, weil mehrfachen geistig-politischen Bindung der Spanier an unser Land profitieren. Da waren der deutsche Idealismus und der Kant-Schüler Kraus, der auf der Iberischen Halbinsel in Gestalt der eskapistischen Geisteshaltung des *krausismo* beträchtlichen Einfluß auf spanische Gelehrte ausübte, während er in Deutschland längst vergessen war. Dann die unselige ideologische Nähe zwischen Hitler und Franco. Später, nur wenige Jahre vor dem Tod des spanischen Diktators, folgten Willy Brandts Ostpolitik und der Kniefall von Warschau. Seitdem ist die Verehrung für die deutsche Sozialdemokratie und ihre Repräsentanten in Spanien fest verankert. Günter Grass genießt kultische Verehrung, ganz unabhängig davon, ob jemand seine Romane liest oder nicht. Selbst Oskar Lafontaines ziemlich verstaubte Kritik am globalen Kapitalismus wurde in Madrid mit höflichem Beifall aufgenommen. Politik ist in Spanien auch eine Sache des Gefühls. Deshalb konnte, als der spanische Sozialist Felipe González in den achtziger Jahren auf den deutschen Konservativen Helmut Kohl traf, eine stabile Männerfreundschaft entstehen. Hatten der schlanke Andalusier und der dicke Pfälzer, genau besehen, nicht viel mehr gemein, als ihre Parteiprogramme verrieten?

Kampf dem Fußgänger

Kairo ist eine der ungewöhnlichsten Erfahrungen, denen sich ein europäischer Autofahrer aussetzen kann. Man lernt in dieser schönen Stadt, daß es Menschen mit einer genetischen Veranlagung gibt, die verhindert, daß sie ihr Fahrzeug auf einer asphaltierten Fläche länger als fünf Sekunden zwischen zwei weißen Linien halten. Der Bewohner Kairos muß aufgrund seines Erbguts permanent und unter Hupgeräuschen die Spur wechseln. Noch ein paar Jahre, und die Universitäten werden diese Eigenart zur »Kulturpraxis« erklären, damit sie ihr ungeteilte akademische Aufmerksamkeit schenken können.

In Spaniens großstädtischem Verkehr ist es noch nicht ganz so weit. Doch wer ein Diagramm ordnungsgemäßen Verkehrsverhaltens zeichnen wollte, das in Mönchengladbach beginnt und mit Kairo endet, müßte Madrid gefährlich nahe bei der Hauptstadt Ägyptens plazieren. Das vorherrschende Klima ist eines von kontrollierter Anarchie. Gemessen an der Tatsache, daß viele Verkehrsregeln in Spanien systematisch mißachtet werden und die meisten deutschen Benimmregeln auf spanischen Straßen nicht gelten, mutet es wie ein Wunder an, daß der Verkehr in den verstopften Innenstädten fallweise sogar, nun, fließt. Das Geheimnis liegt darin, daß durch die lässigere Handhabung der Regeln auch die Flexibilität zunimmt – gelegentlich.

Allerdings ist man gut beraten, sich mit der Regellosigkeit (die ihrerseits bestimmten Regeln folgt) ein wenig vertraut zu machen. Spanier haben zu ihrem Auto nicht annähernd dasselbe affektive Verhältnis wie Deutsche. Das Ding soll nützlich sein, aber zur Verhätschelung eignet es sich nicht. Das sieht man den Autos an, die sich durch den ruppigen Straßenverkehr unentwegt Blessuren zuziehen. Das Unrechtsbewußtsein bei Lackschäden ist übrigens gedämpft; Autos altern wie Menschen, mit Schrammen, Pocken, Knubbeln und Narben.

Machen Sie sich nichts vor: Kaum jemand im spanischen Straßenverkehr bittet um Gefälligkeiten, und kaum jemand bedankt sich. Das wort- und grußlose Annehmen einer Gefälligkeit, ohne die es ja nicht geht, das völlige Ausbleiben von dankbarem Nicken oder einem kumpanenhaften Winken könnte Ortsfremde verletzen, die an dergleichen aus ihrer Heimat gewöhnt sind. Nehmen Sie es bitte nicht persönlich. Drängeleien auf der Straße sind einfach nicht wichtig genug, um ausgefallene Gefühle zu rechtfertigen. Sie sind so normal, daß man als Deutscher aufpassen muß, diesen Fahrstil nicht auf deutsche Straßen zu übertragen.

Dort nämlich, in Deutschland, gilt als rüpelhaft, was in Spanien üblich ist: daß man äußerst nah auffährt, Seitenabstände von nur wenigen Zentimetern hält und abrupt die Spur wechselt, ohne den Blinker zu setzen. Wie ein Schwarm Fische gleiten wir dicht an dicht dahin; solange die Sache fließt, ist alles in Ordnung. Straßenmarkierungen sind eher ornamental, jedenfalls werden sie nicht als Rechtfertigung herangezogen, sich gegen den anderen durchzusetzen. Wer fixer und frecher ist, gewinnt immer. Bei Regen allerdings gewinnt niemand; aus irgendeinem Grund lassen schon wenige Tropfen Feuchtigkeit den städtischen Verkehr zusammenbrechen. Sollten Ethnologen dereinst unbekannte Indianersprachen entziffern, vielleicht stoßen sie auf eine Bezeichnung für uns Deutsche: »Blondes Volk, das den Regen nicht fürchtet.«

Die Verkehrsführung in Spanien gehorcht nicht dem Prinzip, sondern dem Pragmatismus. Bei kleinem Kreisverkehr, einer vielverwendeten Einrichtung, muß man wie in anderen Ländern (außer Großbritannien) entgegen dem Uhrzeigersinn fahren. Beim großen Kreisverkehr dagegen, etwa Rondellen um einen städtischen Brunnen, darf man manchmal beides, rechts herum gegen den Uhrzeigersinn, links herum mit ihm. In der Theorie klingt das gefährlich, in der Praxis löst sich das Problem dadurch, daß so viele Autos um Durchfahrt ringen, daß über die Richtung der verschiedenen Blechströme gar kein Zweifel bestehen kann. Die Puerta de Alcalá in Madrid bietet dazu wunderbares Anschauungsmaterial. Von der Anarchie zur Selbstregulierung ist es jedoch ein weiter Weg. Daher muß oft die Verkehrspolizei kommen und die Schäfchen handverlesen über die Ampellinien treiben.

Ampeln sind ein ernstes Thema. Denn Ampeln sind die unzuverlässigsten aufrecht stehenden Wesen, die es in Spanien gibt, weil sie ihr Rot und Grün völlig nutzlos in die Welt hinaussenden. Achtung: Wer als Fußgänger in Spanien ein leuchtendes grünes Männchen erblickt, sollte ihm nicht über den Weg trauen. Und sich selbst nicht über den Zebrastreifen! Schauen Sie erst nach links, ob da nicht ein Motorrad angeprescht kommt. (Alles Motorisierte auf zwei Rädern ist gefährlich.) Achten Sie auf wartende Autos, die mit nervös rasselndem Motor an der weißen Linie stehen wie Rennpferde vor dem Fehlstart. Kinder an die Hand nehmen!

Wenn man als deutscher Autofahrer in Spanien irgendwann seinen Frieden mit den Verhältnissen schließen
kann, so wird man als Fußgänger dennoch nichts als Empörung und Überdruß empfinden. Denn Fußgänger gelten als Störfaktor. Wenn die letzten drei frechen Autofahrer soeben noch über die rote Ampel gehuscht sind, stellen
sich der vierte, fünfte und sechste kaum weniger frech mitten auf den Zebrastreifen, um seelenruhig auf ihr Grün zu
warten, während Fußgänger, die berechtigterweise die
Straße überqueren wollen, zu einem umständlichen Sla-
lom um blecherne Hindernisse gezwungen sind. (Daß das
Gesagte auch für das rücksichtslose Halten mitten auf einer
stark befahrenen Kreuzung gilt, so daß andere Autofahrer,
die nun Grün haben, an der Weiterfahrt gehindert werden,
versteht sich wohl von selbst.) Mit Vernunft, Logik oder
dem Gedanken an Rücksichtnahme ist da gar nichts zu
holen. Spanische Autofahrer sehen einfach nicht ein, was
an den Rechten des Fußgängers (und am Fußgänger
selbst!) schützenswert sein soll. Solange ihre Hand auf dem
Schaltknüppel ruht und der Fuß das Gaspedal streichelt,
können sie sich nicht vorstellen, was es bedeutet, selbst ein
Fußgänger zu sein.

Deshalb sind sie durchaus willens, sich als Fußgänger
ebenfalls mißhandeln zu lassen. *Ontologisch*, wie man unter
Philosophen sagen würde, sind Autofahrer und Fußgänger
nicht dasselbe. Spanier sind sofort bereit, einen Verkehrs-
sünder, der sie behindert, als *cabrón* und *hijo de puta* zu be-
schimpfen. Bei der nächsten Gelegenheit jedoch, wenn sie
sich ihrerseits danebenbenehmen, wechseln sie die Rollen,
ohne daran zu denken, daß sie Leute wie sich selbst noch
vor kurzem lautstark beleidigt haben. Inzwischen glaube
ich, daß dieser Hauch von täglich praktizierter Schizo-

phrenie ein Zeichen von seelischer Stabilität ist, ein Merkmal von Völkern, die im Einverständnis mit sich selbst leben.

Dieser Zug läßt sich auch an einer der markantesten spanischen Autofahrersitten überhaupt studieren, dem Parken in der zweiten Reihe. Entscheidend daran ist nicht, daß enge Straßen verstopft und jemand anderem lästige Wartezeiten aufgezwungen werden. Entscheidend ist die Liste der Prioritäten. Da Spanier voraussetzen, daß sie, wenn sie ein Auto besitzen, auch damit fahren dürfen, ergibt sich zwingend, daß sie das Problem der zeitweiligen Autounterbringung delegieren beziehungsweise abwälzen müssen. Bessere Restaurants in den Städten beschäftigen zum Beispiel ihren eigenen *aparcacoches*, einen Mann mit riesigem Schlüsselbund, der gegen ein Trinkgeld die flagrant verkehrswidrig abgestellten Fahrzeuge vor dem Restaurant je nach Bedarf an einen anderen Fleck setzt, gewissermaßen ein institutionalisiertes Falschparken mit *flexible response*.

Weil die Zahl der Autos in Madrid stetig steigt, hat das Parken in der zweiten Reihe auch ehemals ruhige Stadtviertel erreicht und deren Lebensqualität drastisch gesenkt. Ein Fahrer kommt an, stellt sein Auto vor einem regulär geparkten Auto ab, womit er es blockiert, und verschwindet in der Bar, in der Bank oder im Büro eines Geschäftsfreundes. Kehrt der Erstparker in der Zwischenzeit zurück und sieht sein Wegfahren vereitelt, öffnet er in Ruhe seine Tür und betätigt die Hupe. Das ist in diesem Fall nicht einmal aggressiv gemeint. Der Erstparker muß sich auf seine Hupe stellen, damit der Parker in der zweiten Reihe kapiert, daß er schleunigst zurückkehren sollte. Solange er das nicht tut, so lange wird gehupt. Diese Lösung mag für den Parker in der zweiten Reihe bequem sein. Aber sie behindert den Erstparker und belästigt unter Umständen ganze Straßenzüge mit ohrenbetäubendem Lärm.

Soeben stand in der Zeitung, daß ein Erstparker geschlagene fünfundzwanzig Minuten auf den Zweitparker warten mußte. In dem Artikel regte der Erstparker an, Zweitparker sollten doch zumindest eine Adresse oder Telefonnummer gut sichtbar hinter die Windschutzscheibe legen. In Valencia haben sie das Problem auf humane Weise gelöst. Dort herrscht der Brauch, beim Parken keinen Gang einzulegen und nicht die Handbremse anzuziehen, damit störende Autos im Bedarfsfall fortgerollt werden können. Jeder deutsche Autofahrer sollte an dieser Stelle kurz innehalten und sich ausmalen, wie sein geliebtes Fahrzeug nach wenigen Wochen aussähe.

Spanier fahren gern Auto. Vor allem besitzen sie gern eins. So gern, daß sie vor einem Parkhaus in der Innenstadt (sofern es eins gibt) lieber eine halbe Stunde mit laufendem Motor auf einen freien Parkplatz warten, als eine Strecke von fünfhundert Metern zu Fuß zu gehen. Der Stolz auf ihr *vehículo* schließt nicht die regelmäßige Pflege ein. Daß der Samstag wie früher in Deutschland der Wagenwäsche vorbehalten sei, hat den Spaniern noch niemand gesagt. Deswegen gehen sie an diesem Tag lieber einkaufen, vorzugsweise in großen Einkaufszentren, wo der vertraute Geräuschpegel herrscht, oder sie bereiten in Ruhe das Essen vor. Müßig zu sagen, daß der darauffolgende Sonntag in einem katholischen Land nicht durch Autowäsche entweiht werden darf. Aber selbst wenn er es dürfte, bliebe zur Autopflege keine Zeit, weil viele Spanier just an diesem Tag in zwei- bis dreistündigen Staus stecken, die sie sich auf der Flucht ins Wochenende – oder in das, was nach Auflösung des Staus noch davon übrig ist – unweigerlich einhandeln.

Diese überaus beliebten Ausflüge heißen *escapada* und sind ein unantastbarer nationaler Brauch. Wer nicht wegfährt, wenn er wegfahren könnte, mit dem stimmt etwas nicht. Die begehrtesten Gelegenheiten für *escapadas*, die kleinen Fluchten aus dem Wohn- und Arbeitsalltag, sind die verlängerten Wochenenden, die mit Hilfe der »Brückentage« erzielt werden. Ein Hotelbesitzer aus Aragonien hat mir einmal erklärt, warum ich für die Nacht des Gründonnerstag selbst mit vierwöchiger Vorbestellung nicht nur in einer bestimmten Stadt, sondern selbst im Umkreis von hundertvierzig völlig untouristischen Kilometern kein Bett reservieren konnte, nicht einmal eine Pritsche mit einem halben Stern. »In der Karwoche«, sagte er, »ist jeder unterwegs. Egal wo, Hauptsache, man bleibt nicht zu Hause. Der Baske fährt nach Granada. Ein Katalane möchte nach Navarra. Der Geschäftsmann aus Madrid hat ein Häuschen in Galicien. Und die Familie aus der Extremadura zieht es nach Valencia. Sie können sich vorstellen, was da los ist.«

»Was da los ist«, ist auf den Straßen los. Und weil das Auto als zivilisatorischer Wert und bedeutendes Wohlstandssymbol nicht in Zweifel gezogen werden darf, werden alle Folgeschäden bis hin zur Unfallkatastrophe mit verblüffendem Gleichmut hingenommen. Fast liegt ein wenig Stolz darin, wenn die Fernsehnachrichten die erschreckenden Bilder vom »Unternehmen Aufbruch« (*Operación Salida*), den vierzig Kilometer langen Stau zum Beginn der Ferien, verbreiten. Niemand sinnt darauf, wie die Leiden der Autofahrer verringert werden könnten. Ohne das geringste Zittern in der Stimme verkünden die Nach-

richtensprecher die Unfallstatistik nach den großen Reise-
wellen im Sommer oder zu Ostern. Daß in der Karwoche
des Jahres 2002 bei Verkehrsunfällen in Spanien nur 119
Menschen starben, wurde mit Befriedigung zur Kenntnis
genommen, denn im Vorjahr waren es noch 135 Tote gewesen. Das ist sehr spanisch gedacht und fast schon wieder
ein Trost: Solange die Dinge noch schlimmer sein könnten, besteht kein Anlaß zur Unruhe.

Unruhe im Baskenland

Wer hätte nach dem Fall der Franco-Diktatur vorhergesagt, daß Spanien gut fünfundzwanzig Jahre später, samt NATO und Euro, einen Platz neben den erfolgreichen Industrienationen Westeuropas einnehmen würde? Da stellt man sich besonders ungern die Frage, warum Spanien das Land mit der aktivsten europäischen Terrorbewegung ist. In deutschen Nachrichtensendungen ist meist von »der baskischen Separatistenbewegung ETA« die Rede. Doch das klingt zu harmlos, zu friedlich für die Realität des Baskenlandes. Mit einer Separatistenbewegung verbindet man politisches Kalkül und zuallererst eine politische Absicht. Diese nachvollziehbare Absicht – jenseits des durch Genickschüsse und Autobomben verbreiteten Schreckens – ist im Verhalten von ETA aber schon lange nicht mehr zu entdecken. In jüngerer Zeit sprechen die Experten eher von den kriminellen Zügen der Gruppe. Jeglicher Glanz einer Befreiungsbewegung im Untergrund ist von ETA abgefallen. Statt dessen müssen zwei schaurige ausländische Phänomene zum Vergleich herhalten, hier die Mafia, dort der Rassenwahn des Nationalsozialismus.

In den gut vierzig Jahren seines Bestehens hat ETA (*Euskadi Ta Askatasuna*, »Baskenland und Freiheit«) über achthundert Menschen umgebracht, anfangs vor allem Würdenträger des Franco-Regimes, Militärs, Juristen und

Angehörige der Polizeikräfte. Anders als heute waren Attentate auf Vertreter der Staatsorgane im franquistischen Spanien schwer durchzuführen und mit hohem Risiko verbunden. Unter illegalen linken Oppositionellen genoß der baskische Terrorismus eine gewisse Sympathie, weil er eine weitere Kraft war, die an den Fundamenten des nationalkatholischen Franco-Staates nagte. Zudem war eine gewisse Legitimität des Aufbegehrens nicht von der Hand zu weisen. Das Regime unterdrückte rücksichtslos Sprache und Kultur der regionalen Minderheiten, vor allem das Katalanische und Baskische. Schulen mußten vom spanischen Imperium erzählen statt von regionaler Geschichte, die Bühnen durften keine Stücke in der Regionalsprache spielen, die Formulare der Amtsstuben nichts anderes benutzen als das Spanische. *¡Hablad cristiano!* – Sprecht christlich! – war die gängige Aufforderung, sich gefälligst der Sprache des spanischen Zentralstaates zu bedienen.

Die Legitimität des gewaltsamen Widerstandes gegen die Diktatur ziehen inzwischen allerdings manche der früheren ETA-Mitglieder in Zweifel. Den Terroristen sei es seit jeher darum gegangen, auf der Flamme der Gewalttaten das eigene Süppchen zu kochen. Kaum jemand verkörpert diese Desillusionierung so vollkommen wie der Literaturwissenschaftler Jon Juaristi, Verfasser des vielgelesenen Essays *Die melancholische Schleife* (1997). Innerhalb eines Jahres erreichte Juaristis Kritik an der Ideologie des baskischen Nationalismus zwölf Auflagen. Der Autor weiß, wovon er spricht. 1967 war er selbst zum ETA-Mitglied geworden und gehörte der Organisation mehrere Jahre lang an. 1971 / 72 verbrachte er ein Jahr im Gefängnis, dann begann seine politische Wanderung von linksaußen nach halblinks und schließlich nach rechts, ins Lager der konservativen

Regierung, der er bis zu ihrer Wahlniederlage 2004 als Direktor des Cervantes-Instituts diente. Übrigens versteht es sich von selbst, daß Leute vom Schlag Juaristis nicht ohne Leibwächter unterwegs sind. Auch eine Pistole hat der Mann, der als ETA-Mitglied nie eine abgefeuert hat, in seiner Tasche – auf dringenden Wunsch der Polizei.

Je zerfahrener die politische Situation im Baskenland und je greller die Meldungen über Mord und Terror, desto unwichtiger scheint zu werden, was dem Konflikt eigentlich zugrunde liegt. Der demokratische Nationalismus, das zuerst, ist im Baskenland eine starke und respektable Kraft. Er wird nicht nur von Erzreaktionären oder Ewiggestrigen unterstützt, sondern von rund der Hälfte der baskischen Bevölkerung – Unternehmern, Handwerkern, Künstlern. Spätestens als liberale spanische Regierungen im neunzehnten Jahrhundert die traditionellen Sonderrechte (*fueros*) im Baskenland einschränkten oder abschafften, war das Fundament für eine regionale Gegenreaktion gelegt. Damit keine Begriffsverwirrung aufkommt: Was von außen gesehen »regional« erscheint, gilt der Perspektive von innen als »national«, schließlich geht es um nicht weniger als die Schaffung eines eigenen Staates. Noch immer beruft sich der Nationalismus auf den Propheten der baskischen »Erneuerung«, Sabino de Arana Goiri (1865 bis 1903), dessen nationale Erweckungsbewegung die heute gültigen Symbole schuf, etwa eine eigene Hymne, eine eigene Flagge oder den Neologismus *Euskadi* für »Baskenland«. 1895 folgte die Gründung der Baskischen Nationalistischen Partei (PNV), inzwischen die stärkste politische Kraft der Region.

Unglücklicherweise gehört zu den Leistungen Aranas nicht nur die Wiederbelebung der baskischen Sprache (die er selbst durchaus nicht fehlerfrei beherrschte), sondern auch die Fixierung auf die ethnisch-rassische Einzigartigkeit der Basken, verbunden mit einem reaktionären politischen Denken, das sich in ein vorindustrielles Idyll zurückträumte. Diese Idee erhielt während der sogenannten zweiten baskischen Industrialisierung in den fünfziger und sechziger Jahren, als Arbeitsimmigranten aus allen Teilen Spaniens nach Norden strebten, zusätzliche Nahrung.

Die Rede von der baskischen Eigenständigkeit ist kein Hirngespinst. Die Sprache der Region mag vielleicht nicht die erste nach der Entstehung der Welt sein, wie manche behaupten, doch zumindest kann sie auf ein beträchtliches Alter zurückblicken. Da das Baskische keine indogermanische Sprache ist und auf den Nichteingeweihten, anders als die übrigen iberischen Sprachen, völlig unverständlich wirkt, muß es den großen Migrationen im europäischen Raum vor rund dreitausend Jahren vorausgegangen sein. Linguisten haben sogar eine entfernte Verwandtschaft zwischen dem Baskischen und den kaukasischen Sprachen entdeckt. Es erstaunt also nicht, daß der Nationalismus in Spaniens Norden ein starkes nostalgisches Element enthält, eine Sehnsucht nach verlorener Ursprünglichkeit. Die Gründung von ETA um das Jahr 1959, als auf Hauswänden die ersten Parolen mit dem Namen der Gruppe erschienen, fügte diesem konservativen Nationalismus einen marxistischen Nationalismus hinzu. Das Programm »Baskenland und Freiheit« bedeutete: Kampf für einen eigenen Staat, der aus den drei spanisch-baskischen Provinzen, der Provinz Navarra und Teilen des französischen Baskenlandes bestehen sollte.

Zu diesem Zweck holte ETA nach Mitte der sechziger Jahre auch zum Schlag gegen die Repräsentanten der Diktatur aus. Beim spektakulärsten Attentat überhaupt tötete ETA im Dezember 1973 den spanischen Ministerpräsidenten Carrero Blanco, der von Franco persönlich dazu ausersehen worden war, die ideologische Fortdauer des Regimes zu garantieren. Nie zuvor oder danach hat die Gruppe so stark in das politische Geschick Spaniens eingegriffen. Bald darauf wurden auch zivile Opfer in Kauf genommen. Flügelkämpfe innerhalb der Bewegung hatte es immer gegeben; im letzten Jahr der Diktatur führten sie zur Abspaltung der radikalen Terroristen (*militares*) von denen, die in der Gewalt ein Mittel zum Zweck sahen (*político-militares*). Von 1982 an, nach der Selbstauflösung des politisch-militärischen Arms, machten die Radikalen allein weiter. Das ist die Gruppe, mit der Spanien es heute zu tun hat.

Die Zielscheiben des Terrors sind nicht nur die gutbewachten Angehörigen der politischen Elite, sondern auch Tausende von spanischen Stadt- und Gemeinderäten, ob im Baskenland, in Andalusien, Katalonien oder anderswo. Journalisten finden sich ebenso unter den Opfern wie Hochschullehrer oder Industrielle. Der touristische Schub, den Bilbao und seine Umgebung durch eine Attraktion wie das Guggenheim-Museum erhalten haben, droht in der angespannten Situation wieder verlorenzugehen.

Immer wieder in der langen Geschichte von ETA hat es Waffenstillstände, Verhandlungspausen und strategische Annäherungen gegeben. Bisher waren sie stets nutzlos. Oft warfen sie die juristische und polizeiliche Arbeit um Monate zurück. Dennoch ist es wohl legitim, daß jeder neue spanische Regierungschef die Lage sondiert und Kontakt mit ETA aufnimmt. José Luis Rodríguez Zapatero war darin keine Ausnahme. Der im März 2006 erklärte und im Dezember desselben Jahres mit einem Bombenattentat auf dem Madrider Flughafen aufgekündigte Waffen-stillstand allerdings hat Spanien in zwei Lager gespalten. Die Opposition sah mit Verbitterung, daß ETA die Waffenruhe zur internen Aufrüstung, zu Erpressungen durch die sogenannte »Revolutionssteuer« und zur Sprengstoffbeschaffung benutzt hatte. Die Regierung wiederum fühlte sich von der Opposition bei ihrer heiklen Mission im Stich gelassen. Längst wähnen sich die beiden großen spanischen Volksparteien auch bei der Terrorismusbekämpfung im Wahlkampf – zu Lasten einer Bevölkerung, die nichts so dringend benötigt wie eine klare Front gegen die Gewalt.

Die neuere spanische Geschichte ist reich an bitteren Ironien. Eine ist, daß die Demokratisierung nach Francos Tod und die Zuerkennung umfassender Autonomierechte den Terrorismus nicht ausgetrocknet hat, sondern ihm gleichsam ein Exerzierfeld überlassen mußte, das mit rechtsstaatlichen Mitteln nicht einzunehmen ist. Die Verfassung von 1978 galt als Werk der Versöhnung, das Revanchismus und nichtlegitimierte Gewalt begraben sollte. Der junge Felipe González sprach damals von der »herzlichen und respektvollen Weise«, mit der gesellschaftliche Konflikte künftig gelöst würden. Auch Xabier Arzallus, der langjährige Führer der PNV, betonte seinerzeit, die Anerkennung der historischen Rechte einzelner Regionen bedeute nicht, daß diese Regionen das »Dach der Verfassung« antasten wollten. Von diesem rührenden Optimismus ist wenig geblieben. Denn inzwischen geht es genau darum: die spanische Verfassung zu bewahren oder preiszugeben.

Die geographische Enge des Gebiets macht die Aufgabe nicht leichter. In den drei baskischen Provinzen zusammen wohnen kaum mehr als zwei Millionen Menschen, etwa soviel wie im Kosovo. Nicht von ungefähr gibt es zahllose Geschichten, die von zerrissenen Familien, zerstörten Freundschaften und Dorfgemeinschaften handeln. Der Mord an Ramón Baglietto im Jahr 1980 tritt aus der trokkenen Statistik des Terrors heraus. Was ihn ungewöhnlich macht, ist die Vorgeschichte, die eher in eine Novelle aus dem neunzehnten Jahrhundert passen würde. Anfang der sechziger Jahre war Ramón Baglietto zufällig zur Stelle, als eine junge Mutter mit einem Baby auf dem Arm ihrem Jungen nachlief, der achtlos auf die Straße gesprungen war. Baglietto konnte der Mutter das Baby noch entreißen, bevor sie und ihr Sohn von einem Lastwagen erfaßt wurden. Mutter und Sohn starben, der zufällige Passant hielt das überlebende Baby im Arm. Später begegneten sich der kleine Cándido Aspiazu und sein Lebensretter oft in ihrem baskischen Heimatdorf.

Achtzehn Jahre darauf, die ETA-Gewalt machte schon seit längerem die Gegend unsicher, war es ausgerechnet Cándido, der Baglietto die ersten Morddrohungen in den Briefkasten warf. Zu dem klärenden Gespräch, das in einer Novelle aus dem neunzehnten Jahrhundert nicht hätte fehlen dürfen, kam es nie. Cándido fing an, seinen Lebensretter zu beschatten. Dieser wurde mißtrauisch, aber zu spät. Eines Tages, auf dem Heimweg, wurde sein Auto aus einem anderen Wagen heraus mit Maschinenpistolen beschossen. Baglietto verlor die Kontrolle über das Fahrzeug, kam von der Straße ab und prallte gegen einen Baum. Es war Cándido Aspiazu, der an den Schwerverletzten herantrat und ihn aus nächster Nähe erschoß. Ein Bruder des Ermordeten hat den Vorfall zwanzig Jahre darauf zu einem Buch verarbeitet. Der Untertitel lautet: *Postume Autobiographie eines ETA-Opfers.*

Wie es sich anfühlt, hilflos oder wütend zu sein, kann ich den spanischen Gesichtern manchmal ablesen. Etwa bei einer gespenstischen Szene in Bilbao, im August des Jahres 2000. Zwei Tage zuvor hatten sich vier mutmaßliche ETA-Terroristen durch unvorsichtiges Hantieren mit Sprengstoff in ihrem eigenen Auto in die Luft gejagt. Das Umfeld des militanten Nationalismus trug Trauer. Daß ETA sofort nach dem Malheur mit einem Mord und einer weiteren Autobombe reagiert hatte, die elf Verletzte kostete, schien dort kaum jemanden aus der Ruhe zu bringen. In Bilbao, woher die vier jungen Leute stammten, ging die Szene zu Ehren der Toten auf die Straße. Es war ein wunderbarer Sommerabend. Ich sah mir die rund tausend Leute an, die durch die Innenstadt von Bilbao zogen und sich mit den Methoden von ETA einverstanden erklärten. Tausend Leute sind nicht viel, aber sie können eine Atmosphäre schaffen. Die Sprechchöre waren gut einstudiert, die Stimmen laut, das Klatschen so rhythmisch, daß der Eindruck von Drill entstand. Einmal stellte sich den Demonstranten die autonome baskische Polizei in den Weg. Männer mit Gesichtsmasken, kugelsicheren Westen und ernst zu nehmenden Waffen bildeten eine Sperre. Es wurde lange verhandelt. Dann gab die Polizei nach, und die Demonstranten marschierten weiter.

Parallel zu ihnen laufe ich auf dem Bürgersteig der Gran Vía entlang. In den Gesichtern der Bevölkerung am Straßenrand sehe ich eine Mischung aus Empörung und Resignation, das zivile Spiegelbild des ohnmächtigen Nachgebens der Staatsgewalt. Die Menschen halten inne im Spaziergang und starren auf diese Gruppe, der wenig Wildheit anhaftet und die doch zweifellos Verbindungen zur aktivsten terroristischen Vereinigung Europas unterhält. Mit zusammengepreßten Lippen stehen sie vor den Cafés und Modeläden. Eine Verkäuferin ist mit der Hand auf der Schulter einer Schaufensterpuppe erstarrt. Das war Bilbao an einem Sommertag. Der Abend brachte eingeworfene Scheiben, umgestürzte Müllcontainer und in Brand gesteckte Busse.

Niemand darf auf eine rasche Lösung des Konfliktes hoffen. Eben daß es sich um einen »politischen Konflikt« handele, würden demokratisch engagierte Basken heftig bestreiten. Kann man es einen Konflikt nennen, fragt der Philosoph Fernando Savater, der ebenfalls unter dem Schutz von Leibwächtern steht, wenn eine kleine Gruppe nach Gutdünken wehrlose Menschen tötet? Nichts, so Savater, schlägt zugunsten von ETA zu Buche, weder die Geschichte noch das Recht noch der Wille der Bevölkerung.

Und die Bevölkerung ist heute weniger passiv, als sie es einmal war. Seit im Sommer 1997 der Stadtrat des baskischen Städtchens Ermua, Miguel Ángel Blanco, entführt und nach einem Ultimatum ermordet wurde, gibt es eine zivile Protestbewegung gegen den Terror. Der »Geist von Ermua« drückt sich durch friedliche Massendemonstrationen aus, auf denen die Teilnehmer *manos blancas* (weiße Hände) hochstrecken und dem Terror durch Lieder und Sprechchöre eine Absage erteilen. Beeindruckend sind nicht eine Million Menschen auf den Straßen von Madrid, sondern zweihunderttausend in San Sebastián, dort, wo die Basken einander ins Gesicht sehen.

Man könnte ins Schwärmen geraten über San Sebastián – das kantabrische Küstenlicht, die Lässigkeit, die außergewöhnliche Gastronomie, die gigantischen, sanft leuchtenden Würfel des »Kursaals«, mit dem der Architekt Rafael Moneo das Stadtviertel auf der anderen Seite des Flusses wiederbelebt hat, oder der idyllische Skulpturenpark Eduardo Chillidas in Hernani, ein paar Kilometer außerhalb. Doch auch in der wunderbaren Altstadt hinterläßt die Gewalt Narben. An der »Plaza de la Constitución«, einem der hübschesten Plätze überhaupt, wo numerierte Balkons an die Zeit erinnern, als noch die Stiere über das Pflaster rannten, gibt es Schaufenster, deren Rolläden immer heruntergelassen sind. Hinter diesen Rolläden war einmal die Buchhandlung Lagun. Der Name kommt aus dem Baskischen und bedeutet »Freund«. Die Buchhandlung Lagun ist in San Sebastián eine Institution. María Teresa Castells, die Inhaberin, heute eine Dame im Pensionsalter, hat schon in der Spätphase des Franco-Staats auf besondere Weise Bücher verkauft. 1975 zum Beispiel, als das Regime zwei ETA-Mitglieder zum Tode verurteilt hatte, ließ die Buchhändlerin ihren Laden aus Protest geschlossen und animierte Kollegen, dasselbe zu tun. Dafür ging sie einen Monat ins Gefängnis.

Fünfundzwanzig Jahre später sieht alles anders aus. María Teresa Castells und ihr Geschäftspartner Ignacio Latierro sind ihrerseits in Gefahr geraten, weil sie sich gegen den Terror stellen. Als die Buchhandlung konsequent Titel vertrieb, die das gedankliche Fundament des ethnischen Nationalismus zur historischen Fiktion erklärten, wurde der Laden zur Zielscheibe der Straßengewalt. Für diesen Konflikt war die Buchhandlung nicht gerüstet – Lagun lag kaum einen Steinwurf von den Altstadt-Bars entfernt, in denen sich die radikalen Separatisten zum Trinken niederlassen. 1996 wurden rund zwanzig Gewalttaten gegen das Geschäft registriert. Im Jahr darauf schlugen vermummte Jugendliche die Schaufenster ein, schleuderten Molotow-Cocktails und verbrannten Bücher. Als ETA im September

2000 auf den Ehemann der Buchhändlerin, den ehemaligen baskischen Bildungspolitiker José Ramón Recalde, einen Mordanschlag verübte, gab María Teresa Castells auf und schloß die Buchhandlung Lagun. Daß ihr Mann mit zerschossenem Kiefer überlebte, ist Zufall.

Dann, nach einer längeren Pause, wurde Lagun einen Kilometer weiter wiedereröffnet. Die spanische Buchhändlervereinigung forderte öffentlich dazu auf, Beteiligungen zu kaufen. Viele Schriftsteller traten dem Förderverein bei. Der neue Verkaufsraum ist heller und größer als früher, oben ist eine metallene Empore eingezogen. María Teresa Castells, eine stille, freundliche Frau, redet lieber über Bücher als über Politik. Aber dann sagt sie, daß es gut angelaufen sei, viel besser als erwartet, und daß dieselben Leute kämen wie früher, dazu andere, die von Lagun erfahren hätten. Und dann lächelt sie, womit das Gespräch beendet ist.

Später kommt ihr Mann, ebenfalls ein stiller Mensch, und holt seine Frau zum Essen ab, allein gehen die beiden in ein Restaurant um die Ecke. Die Buchhandlung Lagun ist derweil in guten Händen. Ignacio Latierro, der Teilhaber, sitzt in dem mit einer Glaswand abgetrennten Büro, und dann ist da noch der Verkäufer, ein großer junger Mann, der sich womöglich auch für Bücher interessiert, aber sicher ist, daß im Nahkampf nicht mit ihm zu spaßen wäre.

Anbetung der Berühmten

Wußten Sie, daß Deutschland rund 350 Tageszeitungen hat, davon sieben, die einen überregionalen Anspruch erheben? In Spanien ist es insgesamt nur ein Drittel davon, aber die Zahl der Überregionalen ist höher, und das liegt an den täglich erscheinenden Sportzeitungen. Ich muß in einem späteren Kapitel auf die Fußballbesessenheit der Spanier zurückkommen. Jetzt nur soviel, daß das Sportblatt *Marca* die meistverkaufte spanische Tageszeitung überhaupt ist. Aus der Tatsache, daß sich rund ein Fünftel der Tagespresse allein dem Sport widmet, dürfen Sie schließen, daß Spanier auf diesem Gebiet blendend informiert sind. Paco, der den Kiosk in der Nähe meiner Wohnung betreibt, kann mühelos Fußballdaten aus den achtziger Jahren abrufen, mit Torschützen, Spielverlauf und Trikotfarben. Fußball, so hat es den Anschein, ist hier weniger eine Sache der Meinung als des Studiums.

Wie in anderen südeuropäischen Ländern, die später zu Wohlstand und Bildung kamen als die Nordeuropäer, ist die absolute Zahl regelmäßiger Zeitungsleser in Spanien eher niedrig. Spanische Leser sind keine Abonnenten, sondern gewohnheitsmäßige Kioskbesucher, die jeden Tag aufs neue entscheiden. Dadurch wird der Kunde zum heftig umworbenen Wesen. Die meisten Tageszeitungen ködern ihr Publikum mit Serien von Büchern, Filmen, Sammelbildern, einem Satz Landkarten – alles, um die Leute für einen bestimmten Zeitraum an das Blatt zu binden. Monatliche Musikzeitschriften erscheinen regelmäßig mit einer CD, die den Käufer zum Aufbau einer Sammlung animieren soll. Überhaupt die Appelle an die Sammelleidenschaft! Es könnte ein Menschenleben darüber vergehen, all die Klebebildchen, Textlieferungen und CD-ROMs zu ordnen und die ständig neuen kartographischen Werke in die Ringlochung zu manövrieren, mit denen spanische Leser überschüttet werden.

Von den großen Traditionszeitungen haben in Spanien nur zwei überlebt: *La Vanguardia*, gegründet 1881, und *ABC* aus dem Jahre 1905. Die erste war lange Zeit das Blatt des konservativen katalanischen Bürgertums, freundlich gegenüber dem Franco-Regime und nur dort empfindlich, wo ureigene katalanische Interessen berührt wurden. Die journalistische Qualität der Zeitung und ihre zurückhaltende Art haben indessen Standards gesetzt. Heute ist *La Vanguardia* mit einer Leserschaft von rund zweihunderttausend Menschen eher das unparteiische Medium zwischen der sich klarer als links oder rechts bekennenden Presse, in seiner Wirkung allerdings weitgehend auf Katalonien beschränkt. *ABC* dagegen gilt als das Hausblatt des konservativ-royalistischen Spanien. Bis vor wenigen Jahren gab es darin, abgesehen von einem Bildteil zu Beginn, praktisch keine Fotos. Politiker, Künstler und Personen des öffentlichen Lebens wurden im Stil der fünfziger Jahre *gezeichnet*, Tag für Tag. In einer Serie von entschlossenen Layout-Verjüngungskuren hat sich *ABC* – in Zentimetern gemessen, die kleinste aller Tageszeitungen, die ja in Spanien ohnehin im bequemen Tabloid-Format erscheinen – dem modernen Erscheinungsbild anderer Blätter angepaßt.

Die überregionale Tagespresse in Spanien hat zwei Erfolgsgeschichten vorzuweisen, beide sind typisch für das Jahrzehnt, in dem sie stattfanden. Die erste betrifft *El País*, die meistgelesene Zeitung des Landes, auch graphisch ein Abbild der jungen Generation, die unmittelbar nach Francos Tod in die Politik drängte und sechs Jahre später, mit dem Sieg der Sozialisten, an die Schalthebel der Macht gelangte. *El País* erschien zum erstenmal 1976 und war das entscheidende Organ der *transición* und die unangefochtene Zuchtmeisterin in Sachen politischer Kultur. Schon fünf Jahre nach dem Erscheinen der ersten Nummer hatte sich der »kollektive Intellektuelle«, wie das Blatt treffend genannt wurde, zur meistverkauften Zeitung des Landes entwickelt. Als am 23. Februar 1981 putschende Militärs das spanische Parlament besetzten, wurde rasch eine Sonderausgabe produziert: »Staatsstreich – *El País* steht hinter der Verfassung«, hieß es in fetten Lettern auf der Titelseite. Bis zum nächsten Tag um 13 Uhr erschienen sechs aktualisierte Ausgaben, die den Bürgern vom Scheitern des Putsches berichteten.

Die zweite – bescheidenere – Erfolgsgeschichte heißt *El Mundo*, die einzige bedeutende Neugründung (1989) unter den überregionalen Blättern nach *El País*. *El Mundo* ist das persönliche Projekt des Chefredakteurs Pedro J. Ramírez, der als sehr junger Mann die kränkelnde Zeitung *Diario 16* flottgemacht hatte, dann aber wegen Differenzen über die politische Linie entlassen wurde und sich nach einer neuen Aufgabe umsehen mußte. So wie *El País* den Aufstieg der Sozialisten begleitete, so verkörpert *El Mundo* publizistisch die große Ernüchterung: Erbarmungslos wurden dort die Skandale der González-Regierung ausgebreitet, die zum Machtwechsel von 1996 entscheidend beitrugen.

Der Hang, das Publikum zu lenken, ist in Spanien stark entwickelt. Daß manche der zahllosen Kolumnisten von den Themen, über die sie schreiben, keine Ahnung haben, tut der Beliebtheit der journalistischen Gattung keinen Abbruch. Ein Phänomen eigener Größenordnung ist der Madrider Schriftsteller Francisco Umbral, den *El Mundo* seit der ersten Stunde als täglichen Kolumnisten beschäftigt und der daneben noch Dutzende von Büchern schreibt – was man ihrem hemdsärmeligen Stil leider anliest. Umbral-Anhänger sehen freilich die tägliche Umbral-Lektüre als einen Bestandteil ihres Lebens an wie andere Leute das Zähneputzen oder den Morgenkaffee. Über den Wert von Gewohnheiten läßt sich schlecht streiten.

Auch wenn sie es nicht so treiben wie Umbral, viele Schriftsteller haben wöchentliche Zeitungskolumnen, mit denen sie nicht nur Geld verdienen, sondern sich auch eine verkaufsfördernde Dauerpräsenz in der Öffentlichkeit verschaffen. Diese publizistische Aktivität, die in Spanien auf eine lange Tradition zurückblickt – auch der Philosoph Ortega y Gasset verbreitete seine Ideen über die Presse –, hat fragwürdige Konsequenzen. Denn der Kulturbetrieb ist durch die Konzentration im Medienwesen zu einem Karussell der Patronage geworden. Wenn etwa ein literarischer Verlag auf einen bestimmten Schriftsteller setzt und seine Bücher verlegt, kann die wichtige Tageszeitung, die demselben Medienkonzern angehört, nicht nur durch Rezensionen und Interviews Schützenhilfe leisten, sondern den betreffenden Schriftsteller auch als Kolumnisten beschäftigen. Dieser wird dadurch im Hausblatt unangreifbar. Das korrupte Verhältnis wird nur noch dadurch gesteigert, daß in derselben Tageszeitung auch regelmäßig ein leitender Angestellter des betreffenden Verlags schreiben darf. Natürlich sagt er nur das Freundlichste über die Autoren, die er selbst verlegt. Diese zahlen es ihm bei Gelegenheit mit gleicher Tinte zurück. Geradezu schwindelerregend wird das Gefälligkeitssystem, wenn auch die Ehefrau des Schriftstellers in der wichtigen Tageszeitung eine Kolumne erhält, in welcher sie in lockerem Ton von den bedeutenden Tätigkeiten ihres Mannes (und noch mehr ihrer eigenen) berichtet. Das alles erwähne ich nur, damit Sie von der Günstlingswirtschaft im Pressewesen einen ungefähren Eindruck bekommen.

Spanische Zeitungen sind im Umgang mit Tod und Gewalt sehr viel unerschrockener als deutsche. Das Anstößige, Verbotene und Unaussprechliche, um das jedes Gewaltverbrechen kreist, besitzt eine Qualität, für die das Spanische das Wort *morbo* kennt. Ursprünglich bedeutete es soviel wie »ansteckende Krankheit«, und unser Wort »morbid« erinnert an den gemeinsamen Ursprung. Mit der unumschränkten Medialisierung der Öffentlichkeit und der Preisgabe der Privatsphäre ist *morbo* zum allgegenwärtigen Begriff geworden: Es ist das, was den Voyeur zum Hinschauen reizt und auf ihn überspringt wie ein Virus, wenn er sich dem Bild nähert. In diesem Sinn haben Autounfälle und terroristische Attentate kaum weniger *morbo* als Pornographie.

Um sich gegen die Konkurrenz zu behaupten, nutzt die Presse die modernsten Methoden des Mediendesigns. Besonderen Ehrgeiz entfalten die Zeitungsmacher darin, Mord, Totschlag und Katastrophen graphisch aufzubereiten. Der Leser soll sich den Ablauf des schaurigen Geschehens gestochen scharf vorstellen können. Diese Zeichnungen, die die Mittel der Infografik mit denen der

Bildgeschichte und des Comic verbinden, sind ein eigenes Genre innerhalb des spanischen Journalismus. Wer am Morgen nach einem ETA-Attentat zu verschiedenen Zeitungen greift, kann dabei durchaus überraschende Entdeckungen machen. Denn der Vergleich der graphischen Mittel, der mitgeteilten oder ausgelassenen Details enthüllt, daß jede Zeitung über den Vorfall eine andere Geschichte erzählt. Was als Verfeinerung der Information gedacht war, erzeugt plötzlich einen leichten Schwindel: Das Verbrechen, dem Dutzende von Seiten gewidmet werden, nimmt den Charakter einer Erzählung an, deren Wahrheitsgehalt sich hinter der Masse widersprüchlicher Einzelheiten verflüchtigt.

Unter den Besonderheiten des deutschen Zeitungslesers findet sich auch die, daß er nicht von vornherein ein Sonntagsleser ist. Anders die Spanier. Bei ihnen hat jede Zeitung eine Sonntagsausgabe, die nicht nur dicker ist und mit einer Fülle von Sonderbeilagen aufwartet, sondern sich auch deutlich besser verkauft als das Werktagsprodukt. Das Schmökern in den riesigen Zeitungspaketen, zu Hause, in der Bar oder im Park, gehört zu den liebsten Sonntagsvergnügungen der Spanier. Oft ist darüber gerätselt worden, warum das Land keine Boulevardpresse besitzt. Der Versuch, nach dem Modell von *Bild* ein spanisches Pendant namens *Claro* zu lancieren, scheiterte 1991 kläglich. Die Leute wollten ein solches Blatt einfach nicht lesen. Inzwischen gilt als erwiesen, daß ihre Affekte auf andere Reize reagieren. Denn was in der deutschen oder britischen Presse *Bild* oder *The Sun*, das ist in Spanien die *prensa de corazón*, wöchentliche Klatschmagazine, die erschöpfend aus der Welt der Prominenten berichten.

Spätestens hier wird es unumgänglich, die Verbindung zum Fernsehen zu ziehen. Daß die Glotze in südeuropäischen Ländern zum wichtigsten Hausbewohner geworden ist, dürfte bekannt sein. Weniger genau weiß man, wieviel tatsächlich geschaut wird, denn oft läuft der Fernseher auch beim Kartoffelschälen, ohne daß jemand davon Notiz nähme. Natürlich haben internationale Kooperationen und die Uniformierung unserer Unterhaltungsbedürfnisse die Vorstellung hinfällig gemacht, im Fernsehen drückte sich so etwas wie die Mentalität eines Landes aus. Ein paar Enklaven, die der kolonialen Gleichheit der Fernsehversorgung spotten, lassen sich allerdings noch entdecken, und dem Ausländer verraten sie so manches über das spanische Gemüt.

Zum Beispiel Hochzeiten und Todesfälle. Es ist kaum wahrscheinlich, daß in Deutschland weniger geheiratet und gestorben wird als in Spanien. Und doch laufen im spanischen Fernsehen ungewöhnlich viele Hochzeiten und Begräbnisse: Weiß und Schwarz, die Feiern des Lebens und des Todes. Wobei das Schwarze überwiegt. Zwischen Tod und Beerdigung liegen in Spanien vierundzwanzig Stunden. Die Trauer ist noch frisch, wenn sich der stumme Zug in Bewegung setzt. Wie oft habe ich im Fernsehen die sechs oder acht Männer gesehen, die den Sarg schultern und aus der Kirche tragen, die getönten Brillen der Angehörigen, die tränenfeuchten Gesichter? Noch immer darf man rätseln, ob diese tägliche Nähe zum Sterben – was Spanien-Reisende seit Jahrhunderten als tragisches Lebensgefühl beschreiben und im Stierkampf als »Kult des Todes« verewigt sehen – ein Zeichen für Morbidität oder, umgekehrt, abgrundtiefe Lebensbejahung ist.

Hochzeiten sind ein anderes Kapitel, und die Hochzeiten der Berühmten in Sevilla gleichen Volksfesten. In den letzten Jahren waren immerhin drei Königstöchter mit

Pomp zu verheiraten. Die festliche Trauung des Kronprinzen Felipe mit der ehemaligen Fernsehjournalistin Letizia Ortiz in Madrid, viele Wochen lang ein Auflagengarant für die Regenbogenpresse, hat alles bisher Erlebte in den Schatten gestellt. Auch Stierkämpfer mögen es glanzvoll. Man versteckt sich hier weniger als in Deutschland, wenn es ans Feiern geht, und so tun auch die übrigen manches, um mit den Bildern ihrer Hochzeit ins Fernsehen zu kommen, die gesellschaftliche Prominenz, das Unterhaltungsgewerbe, das Model, das einen Fußballspieler heiratet: ein Delirium des Dabeiseins.

Kein Fernsehkanal, weder öffentlich noch privat, kann es sich leisten, auf eine eigene Sendung über die Schönen und Berühmten zu verzichten. Die geeignete Stunde dafür ist der frühe Nachmittag gegen drei Uhr. Sendungen, die sich dem *culto de los famosos*, der ungehemmten Staranbetung, widmen, führen im Titel Wörter wie *rosa* oder *corazón* (Herz). Das Staatsfernsehen etwa ist sich nicht zu schade, dem Klatsch um die Reichen, Geschminkten und Gebräunten einen täglichen Sendeplatz zu garantieren. Die anderen Kanäle tun es auch. Und ein Schwung von Zeitschriften, allen voran *¡Hola!*, trägt dazu bei, daß die Fernsehwelt am Kiosk eine nahtlose Fortsetzung findet. Die Beschreibung wäre jedoch unvollständig ohne Erwähnung der Sendung *Tómbola*, die jeden Freitag vier Stunden lang in einem Privatkanal läuft. Dort treffen die szeneüblichen Jet-Set-Gesichter unter vermittelnder, aber durchaus nicht mäßigender Aufsicht eines Moderators auf ausgewählte Vertreter der Klatschpresse. Diese ähneln Haien vor der Küste, die den Schwimmer wittern. Sie befragen den Playboy X oder das Playgirl Y nicht nur zu ihren tatsächlichen oder vorgeblichen Taten, sondern auch zu ihren öffentlichen Behauptungen über dieselben, welche durch die Klatschpresse allererst lanciert wurden: Eine bravourös geheuchelte Suche nach einer Wahrheit, die niemandem etwas gilt. Dafür, daß der aalglatte Graf Alessandro Lequio erzählt, mit welcher Lady er kürzlich das Nachtlager geteilt hat, bekommt er ein Honorar von 25 000 Euro. Die Lady hat anschließend Gelegenheit, ihre Version des Vorgangs an ¡Hola! zu verkaufen oder ihrerseits gegen Honorar in *Tómbola* aufzutreten.

Nun ist eine Teilerklärung am Platz. Spanier sind begnadete Redner. Selbst nichtprofessionelle Sprecher sind oft in der Lage, sich zusammenhängend und ohne Scheu öffentlich zu äußern. Erinnern Sie sich an das Kapitel 2, das vom munteren Daherreden handelte? Spanier können das geradezu virtuos. Die südliche »orale« Mentalität hat deshalb auch eine hochentwickelte Radiokultur hervorgebracht, welche die gesellschaftliche Form der *tertulia*, des Stammtischs, ins Studio verlegt. Nicht nur hören viele Millionen Menschen täglich Radio, sie hören auch tatsächlich zu. Jedenfalls kann man in Spanien noch ein Geräusch hören, das von ferne an unsere Wortprogramme der sechziger Jahre erinnert: das feine leise Rauschen, das zu vernehmen ist, wenn der einsame Sprecher im Studio eine längere Pause macht. Als Kind dachte ich, es komme direkt aus dem Himmel.

Hallo, Tony! Hallo, Silvio!

Man sollte sich über die Welt der Prominenten nicht leichtfertig erheben. Wollen die meisten von uns nicht lieber mitfeiern, als draußen vor der verschlossenen Tür zu warten? Keine Festlichkeit der vergangenen Jahre enthüllte tiefere symbolische Bedeutungen als die Hochzeit der Tochter des ehemaligen spanischen Ministerpräsidenten José María Aznar am 5. September 2002. Denken Sie an das dritte Kapitel, das mit Philipp II. begann. Niemand anderer als der fromme spanische König, der Herrscher über ein gewaltiges Imperium und glühende Streiter für den Katholizismus, lieferte gleichsam den monumentalen Schatten, in welchem die Hochzeit eines jungen Mädchens aus dem Bürgertum zelebriert wurde.

Stellen Sie sich die Fahrt nach draußen vor: Die Sommerferien sind gerade vorbei, die Menschen gebräunt, wohlgenährt und bester Stimmung. Madrid erwacht langsam wieder zum Leben. Wir nehmen die Landstraße 505 Richtung Nordwesten. Zwanzig Kilometer außerhalb der Hauptstadt beginnt das graue Band zu steigen, schlängelt sich durch die Berge der Sierra, fällt wieder, steigt abermals und präsentiert dann einen spektakulären Blick: Drüben in der Ferne erhebt sich groß und wuchtig der Escorial, Kloster und Trutzburg König Philipps II., und man ahnt, wie es gewesen sein könnte, darauf zuzureiten.

Wer sich die Zeit zur Besichtigung nimmt, steht irgendwann in einem winzigen Schlafgemach, von dessen Bett aus der Monarch durch die geöffnete Tür täglich die Messe verfolgen konnte. Beachten Sie bitte den königlichen Nachttopf unter dem Bett. (Sollte er fehlen, fragen Sie den Museumswärter, wo er geblieben ist.)

Die Basilika ist nicht klein. An diesem Festtag, dem 5. September, werden über tausend geladene Gäste in die gewaltige Klosterkirche strömen. Sie wollen miterleben, wie Ana Aznar Botella einem jungen konservativen Politiker das Jawort gibt, offenbar ein Ereignis von geschichtlicher Tragweite. Kein Geringerer als der Erzbischof von Madrid nimmt die Trauung vor. Die gigantischen Sicherheitskosten trägt die Regierungspartei. Es ist »die Hochzeit des Jahres«, die erste seit der Eheschließung der Infantinnen von Spanien, und die Inszenierung ist entsprechend. Das Königspaar ist geladen, die Regierungschefs von England, Italien und Portugal, dazu die Wichtigen und Reichen des Landes. Und jeder einzelne von ihnen, ob Politiker, Sänger oder Bankier, muß an uns vorbei. Vertreter der Opposition fehlen.

Auf den ersten Blick scheint das Reglement »uns« zu benachteiligen. Denn wir, die Journalisten, dürfen weder um 19 Uhr in der Kirche dabeisein noch bei der anschließenden Feier im Reitklub »Los Arcos«. Wir sind die Meute, die ein paar Stunden früher kommen, sich durchleuchten lassen, in zäher Prozedur auf die Akkreditierung warten und ansonsten die Klappe halten soll. Zuerst fand ich das empörend: So also gehen autoritäre Politiker in Spanien mit der Presse um. Man pfeift, und die Meute kommt angehechelt. Man verweist sie des Zimmers, und sie trollt sich mit eingeklemmtem Schwanz.

Dann aber entdeckte ich die Vorteile unserer inferioren Position. Denn niemand kann uns vorschreiben, wie wir von dem feinen Ereignis berichten. Wir sind frei, und wir haben unsere eigenen Waffen. Bevor die illustren Hochzeitsgäste das Portal der Basilika erreichen, die wir nicht von innen sehen werden, müssen sie einen fast fußballfeldgroßen Innenhof durchqueren, an dessen Längsseite dichtgedrängt *wir* stehen, Presse und Fotografen: nicht abgezäunt, wie die Organisatoren der konservativen Volkspartei (PP) es vielleicht nennen würden, sondern eher wie Fußballtrainer an der Außenlinie, die ja auch nicht aufs Spielfeld dürfen, aber die Leistung ihres Teams mit Adleraugen beobachten. Tatsächlich dauert der Einzug der Geladenen ungefähr so lange wie ein Fußballmatch ohne Nachspielzeit.

Es kommt nicht jeden Tag vor, daß ein Regierungschef seine Tochter verheiratet; andererseits gäbe es zweifellos wichtigere Ereignisse als dieses, wären wir nicht in Spanien. Seit langem schon wissen wir, daß der Ring am Finger der zwanzigjährigen Braut (eine Wahrsagerin hat Ana Aznar Botella zwei Töchter und einen Sohn prophezeit) zwölftausend Euro gekostet hat. Wir kennen die Geschenkliste samt Preisschildern, die Speisenfolge des Menüs und die Traube der Weine. Der einunddreißigjährige Bräutigam, Alejandro Agag, ein solider Mann (die Wahrsagerin sieht die Ehe erst in zwanzig Jahren durch eine Blondine gefährdet), war schon Europaabgeordneter der spanischen Konservativen. Insgesamt kein aufregendes Paar, dafür jung, nett und geduscht. Etwas anderes wäre bei der Brautmutter auch schwer vorstellbar gewesen. Ana Botella hat die Party organisiert. Sie wird auch ein Wort zur Wahl ihrer Tochter gesagt haben. Wenige Monate später bestätigt sich, was als Vermutung schon seit längerem in der Luft lag: Ana Botella geht in die Politik. Bei den Kommunalwahlen von Madrid zieht sie auf dem dritten Listenplatz der Konservativen mühelos in den Stadtrat ein.

Wie immer bei öffentlichen Anlässen wirkt ihr Ehemann José María Aznar linkisch und steif, auch im Cut, aber das weiß er. Andere müssen unsere Meute viel eher fürchten, und niemanden mehr als Julio, einen kleinen, bulligen Fotografen mit schnellen Augen und noch schnellerem Mundwerk. Ich spüre, daß Julios Instinkt für spanische Absurditäten den meinen weit übertrifft. Vielleicht ist er so klein und breit, weil er schon viele Stunden seines Lebens sinnlos warten mußte. Also halte ich mich dicht hinter ihm. Während Julio die Bilder schießt, brüllt er Bitten, Kommandos, Entschuldigungen oder Dank quer über den Platz. Dann macht er sich mit leiserer Stimme über die Berühmten lustig. Julio kennt nicht alle, die jetzt vor uns defilieren, aber sobald er einen Namen aufschnappt, brüllt er ihn hinaus. Als Berlusconi im Cut auftaucht, ruft er »Silvio!«, und Berlusconi, der erkennbar geschminkt ist, schaut herüber. Das reicht. Klick! geht Julios Kamera.

Die Minister der Aznar-Regierung (auch sie stellen einige der insgesamt 47 Trauzeugen) gehören zu den ersten Gästen. Sind ihre Frauen schön, machen wir großen Lärm. Die Minister halten inne, drehen sich, zeigen ihre Frauen wie eine Trophäe, besonders, wenn es die zweite ist, und schreiten weiter. Um 18.26 Uhr zieht Rupert Murdoch ein, und wäre seine junge, große, dunkelhaarige Frau nicht gewesen, Julio hätte den Mund gehalten. Manche Damen übrigens haben es am Strand mit der Sonne übertrieben, schon von weitem wirken sie wie Figuren aus *Lederstrumpf.* Leider hat die Kulturministerin modisch wieder danebengegriffen, die Frau wirkt immer, als sei sie aus großer Höhe in die Kleider gefallen. Anders Marina Castaño, die junge Witwe des Nobelpreisträgers Camilo José Cela, die Freundlichkeit und diskret prolongierten Witwenschmerz anmutig vereint. Der Boden des Hofes ist aber tückisch für Stöckelschuhe. Zwischen den großen, bauchigen Steinen klaffen tiefe Fugen. »Señor Blair!« ruft Julio und justiert die Kamera, als der britische Premier auftaucht, der als Trauzeuge fungiert, und fast hätten wir gesehen, wie seine Frau fällt. Aber sie fängt sich.

Der Anteil der Älteren unter den Mächtigen einer Nation ist naturgemäß hoch, und so gibt es nicht nur die ausgefallensten Garderoben, sondern auch prächtige Stadien des Welkens und der Verwitterung zu begutachten. Eine alte Dame, sehr rund und klein und nur leicht verwachsen, hat ihren Stützstock in denselben pfirsichfarbenen, wunderbar schimmernden Damaststoff einschlagen lassen wie sich selbst; sie braucht für die Durchquerung des endlosen Patios so lang wie ein verletzter Fußballer, der zu stolz ist, getragen zu werden.

Nicht zu fassen, da kommt auch Mario Vargas Llosa mit silbrig glänzendem Haar! Und neben ihm Minister Piqué, mit braunen Schuhen zum schwarzen Anzug! Und wer ist das, der sich da heranschleppt, wenn nicht Julio Iglesias, alter Junge? Der Schlagersänger scheint ein Beinleiden zu haben, vor allem aber hat er einen großen, geröteten Kopf und eine bejammernswerte Gesichtshaut. Es heißt, er soll den Brautleuten später etwas vorsingen, aber glücklich wirkt er nicht. »Julio!« ruft Julio und schwenkt sein riesiges Objektiv in Richtung des Sängers, den seine aktuelle Ehefrau Miranda begleitet. »Und noch eins von vorne bitte, jawohl! Und jetzt noch einmal die Dame, sehr freundlich, danke schön!« Miranda dreht sich. Sie weiß, was sie dem Namen Iglesias schuldig ist. Julio aber senkt jetzt die Kamera. Mit den Füßen schubst er die leeren Filmdosen fort, die sich unter ihm ansammeln wie Patronenhülsen um die Stiefel des Cowboys. »Alles Trottel«, sagt er und lacht. »Alles Trottel. Da kommen die nächsten.«

Die Wahrheiten des Herrn Fälkhöm

Sind Spanier abergläubisch? Vielleicht etwas mehr als die protestantischen Nordländer. Katholische Völker neigen zu allerlei Hexen- und Wunderglauben, und ein Weihnachtsfest ist in Spanien nur vollständig mit der Ziehung der großen Weihnachtslotterie (wobei sich Betriebe, aber auch ganze Dörfer zu Spielgemeinschaften zusammenschließen). Die säkularen Formen des Aberglaubens äußern sich etwa im Hang zu aufwendigen Statistiken bei den Sportergebnissen, als ließe sich aus den vollständig memorierten Resultaten von zweiundfünfzig Fußballspielen auch das kommende dreiundfünfzigste errechnen. Oder im glühenden Interesse vieler Menschen an Handlesern, Kartenlegern und Wahrsagern. Im Madrider Retiro-Park kann man ihnen bei der Arbeit zusehen. Besonders gern erinnere ich mich an einen Herrn mit dem ziemlich unspanischen Namen Fälkhöm, der am Ende einer langen Reihe saß. Ich hatte ihn schon so oft gesehen, daß ich fand, mein Besuch bei ihm sei überfällig.

Doch vorher – wie um mir das Hauptgericht aufzusparen – ging ich noch zu der dicken blondierten Handleserin. Der Tag war sonnig, ein frischer Wind kräuselte den Teich. Die blondierte Handleserin, die jeden Tag im Park auf ihrem Klappstuhl saß, vor sich einen Tisch mit den aufgeklebten Tarifen, hatte schon den Sonnenschirm aufgespannt. Darunter hockten wir nun, und zwischen uns, auf dem Tisch, lag meine Hand. Mehrmals heftete die Blondierte den Blick auf meine Augen, dann auf den Handteller, dessen Linien sie mit dunklen Fingernägeln nachzeichnete, und was sie dort sah oder zu sehen vorgab, war die grenzenlose Freiheit, die solche Maitage leichthin versprechen.

Ein wenig irritierte mich ihre burschikose Mütterlichkeit. Davon abgesehen, hatte ihr Ton nichts Anzügliches, eher einen schönen Ernst, welcher der Liebe würdig ist. »*Mucha cama*«, sagte sie mit Überzeugung in der Stimme, was wörtlich bedeutet: »Viel Bett!« Das sollte meine nahe Zukunft sein. Das Bild unzähliger Liebeslager, träger Nachmittage und verschiedenfarbiger Laken hing greifbar in der Luft. Sie nehme an, sagte sie, ich reise viel, von einem Land ins andere? Ich nickte: Viele Reisen. Ferne Länder. Fremde Menschen und Kulturen. Und während auch sie nickte, malte ich mit dem Arm, der nicht auf dem Klapptisch lag, einen Halbkreis in die Luft: die Weite des Horizonts.

Die Handleserin war mit meiner Zukunft schneller fertig, als ich erwartet hatte. Für sechs Euro kann man nicht mehr verlangen. Auch Herr Fälkhöm, dessen Tischchen nur wenige Meter entfernt steht, kennt seinen Preis. Ich hatte ihn in den letzten Monaten oft beobachtet, einen kleinen, älteren Herrn mit disziplinierten Zügen und kräftiger Hornbrille. Ich mag die Unaufgeregtheit, mit der er zu seinen Kunden spricht, während er die speckigen Tarot-Karten legt, und besonders gefällt mir die Breite seines Angebots. Herr Fälkhöm, Futurologe, bietet seine Dienste in vier Sprachen an. Wie bei seiner blondierten Kollegin, wenn man Handleser und Kartenleger Kollegen nennen darf, kostet die Wahrheit über die Gesundheit, die Liebe, den Freundeskreis oder Geldangelegenheiten je sechs Euro. Alles zusammen bekommt man für achtzehn. Tarot mit Frage: vierundzwanzig. Tarot *profundo*: dreißig Euro.

Dieser Name. Anfangs hielt ich »Fälkhöm« für Schwindel wie die Eiskremmarke Häagen Dazs, deren Namen schlaue Leute in New York erfunden haben. Doch Herr Fälkhöm ist sicherlich echt. Mütterlicherseits stammt er von Norwegern ab, auch wenn er die Sprache leider nicht spricht, und das Nordische färbt sein Temperament ein wenig herbstlich. Als ich ihn fragte, wie es bei mir demnächst mit der Liebe stünde, sagen wir: diesen Sommer, legte er nachdenklich seine Karten und verfiel in skandinavisches Grübeln. Anders als die blondierte Handleserin wollte er mancherlei wissen – ob ich verheiratet sei, wenn ja, wie lange –, doch dann nahmen die norwegischen Augen, die schon so viel gesehen hatten und nun rasch über die Karten huschten, einen entschiedenen Ausdruck an, so als dürfte er mir die Wahrheit nicht länger verschweigen.

Er lobte Ehen, welche die Treue zusammenhält, die Achtung, das Vertrauen. Aber ach, die Welt sei nicht immer so: Versuchungen lauerten überall, und wenn man ein Mann sei und noch nicht alt, nun, dann wachse die Versuchung wie das Gras im Sommer. Ja, sagte Herr Fälkhöm jetzt entschiedener, die Karten erzählten von einigen Liebesabenteuern, vor allem im Juli und August. Er sah mich an. Die Ehe müsse daran übrigens nicht zerbrechen, fügte er tröstend hinzu, man werfe ja nicht gleich sein Leben weg mit einer kleinen … nun, Affäre.

Während ich das Geld aus dem Hemd fischte, bereichert und animiert, fragte ich Herrn Fälkhöm nach seiner

Kundschaft. Oh, sagte er, sie kommen alle! Er streckte den Arm aus, dorthin, wo der Park zu Ende ist und ich mir sein Büro vorstellen sollte, direkt an der Calle de Alcalá, deren Rauschen auch die Fische im Teich hören. Viele wichtige Persönlichkeiten wollten von ihm, Herrn Fälkhöm, die Zukunft erfahren, Juristen, Politiker, selbst Abgeordnete des spanischen Parlaments, Leute, die bedeutende Entscheidungen treffen. Manchmal sei er sogar im Fernsehen. Ich reichte Herrn Fälkhöm das Geld, dankte und ging.

Der Sommer kam und blieb sehr lange, aber die Liebesabenteuer blieben aus. Mag sein, ich habe sie nicht gesucht, aber das hat Herr Fälkhöm mir auch nicht empfohlen. Manchmal habe ich mich gefragt, ob seine Tarot-Karten durch den frischen Maitag nicht etwas verwegen geworden sind. Monate später sah ich ihn im Retiro-Park wieder. Abermals ein sonniger Tag, wärmer als im Mai, aber auf den Wegen lagen schon gelbe Blätter. Die Kinder liefen vor mir her. Meine Tochter war damals vier, der Kleine anderthalb. Zu dritt stellten wir uns an Herrn Fälkhöms Klapptisch, und zwei von uns sagten guten Tag. Herr Fälkhöm gab kein Zeichen des Wiedererkennens. Ob er mir meine Zukunft in Sachen Liebe weissagen könne, fragte ich, sagen wir: diesen Herbst? Und ich zeigte auf das Schild, das dieselben Tarife angab wie damals, als Verwegenheit in der Luft lag und vielleicht auch in den Karten.

Für den Hauch einer Sekunde sah ich Unsicherheit in Herrn Fälkhöms Augen. *Die Liebe?* schien er sagen zu wollen. *Hier, vor den Kindern?* Aber er sagte nichts. Er nickte, bat mich, einen von drei Stapeln zu wählen, und blätterte zügig die Tarot-Karten auf.

Herr Fälkhöm begann mit allgemeinen Bemerkungen

über das Wesen der Ehe, über die Treue, die mit den Jahren wachse, weil sie auf Achtung und Vertrauen gründe. Das seien doch meine Kinder, fragte er und blickte kurz nach halblinks und kurz nach halbrechts. Wirklich reizend. Vier und anderthalb? Ein wunderbares Alter. Und die Ehe? Hmm, sehr gut. Wie gesagt, Beständigkeit, fuhr Herr Fälkhöm fort und sah mich etwas lustlos an. Natürlich gebe es Versuchungen, das Leben sei mit ihnen gepflastert, aber was zähle, sei das Bleibende. Man müsse als Paar allerdings offen füreinander sein, aufmerksam, man dürfe nichts für selbstverständlich halten. Tja. Was übrigens die Liebe betreffe, die Liebe dieses Herbstes, so sehe er in den Karten nichts Nachteiliges. Ein ordentliches Bild, insgesamt. Kein Grund zur Klage, überhaupt nicht. Eher im Gegenteil. Sein Kopf nickte leise und rhythmisch. Ich reichte ihm das Geld, dankte und ging.

Die schönste Sprache der Welt

Ich habe eine kleine Sammlung von Zetteln und Schnipseln mit Wörtern darauf. Die Frage, die meiner Sammlung zugrunde liegt, lautet: Wie falsch kann man ein Wort schreiben? Seit ich in Spanien lebe, hat sich mir diesbezüglich ein zweites Universum eröffnet. Neulich zum Beispiel stand ich am Tresen einer Bar in Kastilien-La Mancha und wartete auf den Milchkaffee. Gläser, Tassen und Kartoffelchipstüten füllten die verspiegelten Wandregale. Plötzlich blieb mein Blick an einer Buchstabenfolge hängen, als handelte es sich um ein anderes Schriftsystem. Ich schaute noch einmal hin, und meine Lippen versuchten, das Wort zu bilden, das ich dort gelesen hatte. Auf einem Pappschild, das neben unbespielten oder »jungfräulichen« Kassetten (*cintas vírgenes*) hing, stand: »FHILPS-SONI, C-60: 1,50 Euro, C-90: 2,- Euro.«

Vielleicht müssen einige von uns kurz überlegen, ob sich der niederländische Elektronikkonzern, der hier gemeint ist, mit Doppel-*p* oder Doppel-*l* schreibt. Aber die Kombination von *f* und *h* vor meinen Augen war einzigartig und verdiente notiert zu werden. Wie an übereinanderliegenden Gesteinsschichten, die jeweils verschiedenen geologischen Epochen angehören, konnte ich daran die Entwicklung der Orthographie ablesen. Denn schon vor langem wurde das *ph*, das es im Deutschen, Englischen und Französischen noch gibt, im Spanischen durch das *f* ersetzt: also *filósofo, filosofía*. Und Philipp II. heißt in Spanien *Felipe II* und spricht sich *Felipe Segundo*.

Das Prunkstück meiner Sammlung ist jedoch ein Ausriß aus der Zeitung *El País* vom 29. Januar 2001 mit den Ergebnissen der Fußball-Bundesliga. In der Tabelle führt Schalke 04 mit einem einzigen Punkt Vorsprung auf Bayern München, und der 1. FC Köln nimmt den siebten Platz ein. Das waren noch Zeiten! Und alles korrekt geschrieben, abgesehen davon, daß man es in Spanien natürlich mit Colonia, Wolfsburgo, Friburgo, Hamburgo und Francfort zu tun hat – oder mit dem vornehm-schroffen Aquisgrán zu tun hätte, sollte Aachen irgendwann einmal wieder in der Bundesliga spielen, wofür freilich wenig spricht. Interessant aber war die Liste der aktuellen Resultate. Dort wurde der Name des Tabellenführers, der mit 2:0 gegen Rostock gewonnen hatte, allen Ernstes mit »Scgakje« wiedergegeben. *Scgakje!* Drei Fehler auf sieben Buchstaben! Dagegen habe ich mich längst daran gewöhnt, den Namen eines bekannten deutschen Politikers in spanischen Zeitungen als »Khol« zu lesen, den Namen eines bekannten Torwarts als »Khan« oder unvermutet den Herren »Sharping« (was ein bißchen wie Pershing aussieht) oder »Schaüble« zu begegnen. Womit spanische Redakteure ihre liebe Mühe haben, läßt sich sehr schön im *Stilbuch* der Zeitung *El País* studieren. Mein Favorit darin ist der Eintrag zu »Bayreuth«, der wörtlich lautet: »Stadt im Westen Deutschlands. Nicht zu verwechseln mit der Hauptstadt des Libanon, Beirut.«

Die Spanier behaupten von sich durchaus nicht, fremde Sprachen gut zu beherrschen. Mit Kenntnissen auf diesem Feld wird im allgemeinen nicht geprahlt, eben weil die

Mehrheit sie nicht teilt. Erscheint ein fremder Buch- oder Filmtitel im Original, folgt mit Sicherheit die spanische Übersetzung in Klammern. Die Aussprache- und Verständnisschwierigkeiten bei Stanley Kubricks Film *Eyes Wide Shut* waren immerhin so beträchtlich, daß ein Journalist vor einer Madrider Kinokasse Material für eine ziemlich komische Reportage sammeln konnte. Spanien gibt sich nicht international und reagiert auf jede Form von modischem Sprachgetue mit völligem Unverständnis. Eigennamen werden umstandslos hispanisiert: Die örtliche Philosophiegeschichte spricht von Carlos Marx und Federico Nietzsche, die Buchhandlungen bieten die Romane von Julio Verne feil, und ein Madrider Hotel hat im Jahr 1999 eine Gedenkplakette für niemand anderen als Ernesto Hemingway angebracht. Es gibt außerdem Laute, die spanische Zungen nicht hervorbringen können, etwa die Buchstabenfolge *sp-* oder *st-*. Das Spanische setzt im Anlaut stets ein *e* davor: »Staat« ist auf spanisch *estado*, »Spion« ist *espía*, und der Name unserer großen Tennisdame von einst wird zwar »Steffi« geschrieben, aber *Esteffi* (und selbstredend mit hamburgischem *st*) gesprochen.

Natürlich hat die Ferne zu fremden Sprachen nicht nur geographische, sondern auch sozialgeschichtliche Ursachen. Das Land war jahrzehntelang vom Ausland isoliert, das Reisen war ebenso schwierig wie der Austausch von Büchern, Filmen und Ideen. Das Bildungsniveau entsprach dem eines armen Agrarstaates und lag selbst in den sechziger Jahren noch bestürzend niedrig. Viele Landbewohner waren Analphabeten und schickten ihre Kinder auf die Felder, bevor sie ihre Schreibfertigkeiten vervollkommnen konnten. »Spanien« bedeutet in diesem Fall meist Zentralspanien, denn viele Bewohner des Landes wachsen ja zweisprachig auf – Katalanen, Basken, Galicier. Auch nimmt die Versiertheit in Fremdsprachen zur Ostgrenze hin zu. Bewohner von Barcelona und San Sebastián, die sich ohnehin in einem zweisprachigen Milieu bewegen, sind dank der Nähe zu Frankreich schnell drei- oder viersprachig.

Wie gut oder mäßig man als Fremder auch das Spanische spricht, die Sache wird einem von der Mitwelt leichtgemacht, und niemand nimmt es allzu genau. Arroganz und Besserwisserei liegen den Spaniern nicht. Wichtiger ist es, sich für die Sprache zu interessieren. Dieses Interesse wiederum lohnt sich, denn die Grammatik des Spanischen kennt nur wenige Tücken, so daß sich Lernerfolge rasch einstellen. Am schwierigsten dürfte es sein, das rechte Tempo (schnell) und die angemessene Lautstärke (hoch) zu treffen. Das Geheimnis der attraktiven, leicht angerauhten spanischen Frauenstimmen hat für mich allerdings noch niemand gelüftet. Früher war ich versucht, diese Tendenz zur Heiserkeit dem hohen Zigarettenkonsum zuzuschreiben, aber inzwischen habe ich zu viele Nichtraucherinnen gehört, als daß ich meine Theorie aufrechterhalten könnte.

Es könnte sein, daß die mangelnde Fremdsprachenkenntnis der Spanier, neben allem anderen, auch mit dem großen Stolz auf ihre eigene Sprache zu tun hat. Wo das Eigene so mächtig ist, bleibt für das Fremde nicht viel Platz. Wenn in der gesamten spanischsprachigen Welt von der »Macht des Wortes« die Rede ist, schwingt darin manches mit, nicht nur der Glaube an die privilegierte Erkenntnis derer, die mit den ätherischen Ölen der Poesie gesalbt sind. Es ist auch eine durchaus reale Macht gemeint, die keine Erziehung, kein Mandat, keine Bestechung verschaffen kann. Nicht umsonst hat man latein-amerikanischen Schriftstellern immer wieder hochrangige diplomatische Posten anvertraut, und nicht von ungefähr faßte vor Jahren Mario Vargas Llosa den Entschluß, für das Amt des peruanischen Regierungschefs zu kandidieren. Als Venezuela eine neue Verfassung erarbeiten wollte, kam es in der Nationalversammlung bei der Verabschiedung der Präambel zu solchem Streit um die Formulierungen, daß man sich an Gabriel García Márquez wandte. Der kolumbianische Nobelpreisträger möge doch den Text »mit dem Rotstift« überarbeiten. Die Ehre, so ließen die Bittsteller wissen, sei ganz auf Seiten des venezolanischen Staates.

Der Glanz, den das richtig verwendete und korrekt geschriebene Wort verleiht, ist gewissermaßen ein panhispanischer Glanz. Die gemeinsame Sprache vereint harmonisch die ehemaligen Kolonisten mit den vormals Kolonisierten. Da lateinamerikanische Schriftsteller in den letzten vier Jahrzehnten bedeutendere Literatur geschrieben haben als ihre spanischen Kollegen, fällt auch ein wenig Glanz auf das Mutterland ab, wenn man die erfolgreichen Söhne (und die eine oder andere erfolgreiche Tochter) der spanischen Sprache in Madrid oder Barcelona aufs Podium bittet.

Die Bedeutung richtig verwendeter Sätze ist auch im Alltag spürbar. Vor Jahren hatte ich einmal den Fuß in Gips – ich war von einer Treppenstufe abgerutscht und gestürzt, glücklicherweise war es die allerletzte Stufe. Da sich Gips und Krücken schlecht verheimlichen lassen und die Spanier gern Anteil nehmen, blieb es mir nicht erspart, von dem Mißgeschick zu erzählen. Zu meiner Verblüffung hörte ich im Laufe des Tages von vier verschiedenen Menschen dasselbe Sprichwort: *No hay mal que por bien no venga.* Zu deutsch: »Glück im Unglück.« Das Unglück war in diesem Fall der verletzte Fuß, das Glück der Umstand, daß ich von der letzten und nicht von der obersten Treppenstufe abgerutscht war.

Das Reden in formalisierter Sprache – und Spruchweisheiten bilden neben der Bibel den größten Fundus – ist in Spanien überaus stark ausgeprägt. Natürlich läßt sich gegen die Verwendung von Sprichwörtern manches sagen, zum Beispiel, daß sich dahinter ein träges, konservatives Denken verberge, das sich stets damit begnügt, das Unbekannte (etwa den unerwarteten Anblick von Gips und Krücken) auf etwas Bekanntes zu reduzieren: auf einen Spruch, der in allen Lebenslagen paßt. Andererseits steckt in den spanischen Sprichwörtern so viel sprachliche Kreativität, der Reflex auf eine reiche und feinteilige Erfahrung, daß die Zahl dieser *refranes* in die Zehntausende geht und man wohl von einer eigenen Gattung der Volkspoesie sprechen muß. Auch Menschen ohne linguistische oder literarische Spezialkenntnisse lassen sich gern in lange Gespräche über Herkunft und Bedeutung eines bestimmten Sprichworts verwickeln. Einer der fleißigsten Sammler von spanischen Spruchweisheiten, der Cervantes-Forscher Francisco Rodríguez Marín, brachte es in mehreren Büchern auf insgesamt fünfzigtausend *refranes*.

Dieses nicht nachlassende Interesse ist durchaus etwas Besonderes: Die spanische Sprache weckt Emotionen. Sie wird von allen benutzt und daher auch von allen gepflegt. Sie wird beobachtet und im Ernstfall umsorgt wie ein krankes Lieblingskind. Der Buchmarkt hält eine unübersehbare Fülle von Ratgebern, Stilfibeln und Verteidigungsschriften bereit, die sich um die Verbreitung von korrektem Spanisch bemühen und offen gegen die weltweite Hegemonie des Englischen zu Felde ziehen. Der Journalist Álex Grijelmo berichtet in einem Werk zur Sprachpflege anerkennend, im mexikanischen Bundesstaat Zapatecas würden Verstöße gegen die Rechtschreibung auf Ladenschildern und Werbeflächen durch Geldbußen geahndet.

Nimmt man als Deutscher wahr, wie die Spanier über das Spanische ins Schwärmen geraten, müßte man vor Neid erblassen. Ihre Sprache ist mit jener Selbstverständlichkeit schön, die uns die deutsche Vergangenheit ausgetrieben hat. Kein Wunder also, daß Deutsche ihrer Sprache verlegen, linkisch, oft gleichgültig gegenüberstehen. Sprachpfleger werden gern belächelt und als Pedanten verspottet. Deshalb überrascht es auch nicht, daß deutsche Schriftsteller und Intellektuelle zu spät kamen, um eine schlecht vorbereitete Rechtschreibreform zu verhindern. Spanien hat es in dieser Beziehung leichter. Die Königlich-Spanische Akademie, gegründet 1713, und ihre Schwesterorganisationen in Iberoamerika, den Vereinigten Staaten und auf den Philippinen sind die allseits akzeptierten Instanzen für die Belange der geschriebenen Sprache. Das heißt nicht, daß jedermann ihren Empfehlungen folgte. Aber eben daß es diese Instanzen gibt, die sich zuständig fühlen und notfalls auch erregen, trägt zur Lösung der anfallenden Probleme bei.

Die neueste Reform der spanischen Orthographie, welche die weltweit zweiundzwanzig Akademien des Spanischen einvernehmlich beschlossen haben, stammt aus dem Jahr 1999 und wurde zuerst in Mexiko veröffentlicht. Sie enthält ein paar winzige Neuerungen zur Akzentsetzung, über die niemand zu streiten brauchte. Der Triumph bestand genau darin, daß kaum etwas zu berichtigen war, weil das Nötige schon seit Jahren Schritt um Schritt vorangetrieben wird. Zum Beispiel zählt bei der Schreibung des Spanischen im allgemeinen nicht die Herkunft eines Wortes, sondern die Aussprache. Und anders als im Englischen, wo Schrift und Laut oft weit auseinanderklaffen und getrennt memoriert werden müssen, besteht bei spanischen Wörtern nie ein Zweifel darüber, wie sie ausgesprochen werden.

Mit dem ungebrochen positiven Gefühl gegenüber der eigenen Sprache gehen Möglichkeiten einher, die den Deutschen (als Volk) fremd sind und die dem Deutschen (als Sprache) nicht zugetraut werden. Die Rede ist von der Sprache als Wirtschaftsfaktor. In den vergangenen Jahren hat Spanien den gemeinsamen Sprachraum zum Gegenstand eines gigantischen Image- und Werbefeldzugs gemacht. Plötzlich bestand die Streitmacht nicht mehr aus knapp vierzig Millionen Spaniern, sondern – unter Einschluß Iberoamerikas – aus annähernd vierhundert Millionen *hispanohablantes.* Seit die Bedeutung dieses Themas erkannt wurde, mangelt es nicht an Mitteln, es zu propagieren. Internationale Kongresse der spanischen Sprache werden zu wirtschaftlich-kulturellen Events, zu denen das spanische Königspaar und Regierungschefs der spanischsprachigen Länder ihren Segen geben. Das Zauberwort in diesem Zusammenhang heißt Expansion: Die Spanischsprechenden, so die Voraussagen, nehmen unaufhaltsam zu. Verständigen sich etwa in Nordamerika heute über dreißig Millionen Menschen auf spanisch, so werden es um die Jahrhundertmitte fast hundert Millionen sein. Schon jetzt haben die Bundesstaaten Kalifornien, Texas und New Mexico einen hispanischen Bevölkerungsanteil von mehr als 25 Prozent, die Stadt New York gar von gut dreißig Prozent.

Die öffentliche Feier der eigenen Sprache ist Appell, Leistungsbilanz und Selbstvergewisserung in einem. Wahrscheinlich ist die panhispanische Sprachpflege, die mit der Förderung spanischer Wirtschaftsinteressen in Iberoamerika einhergeht, das einzige Thema weit und breit, über das linke, liberale und konservative Medien vollständige Einigkeit erzielen. Erfolge auf diesem Feld werden mit einer Haltung begrüßt, die an Frömmigkeit grenzt. Und wenn die Erfolge sich mehren, entsteht eine Aura, von der alle profitieren: Die spanische Sprache, es führt kein Weg daran vorbei, ist sexy. Man hört sie im Urlaub, sie hat jede Menge Popmusik und einen Pedro Almodóvar hervorgebracht. Es scheint, als brauchte dieser Exportartikel nichts als geschicktes Marketing.

Monteure der *Meninas*

Die Malerei ist einer der spanischen Ewigkeitswerte, vergleichbar dem Flamenco, dem Stierkampf und der Paella. Das Besondere daran ist, daß die spanische Malerei so viele grandiose Leute hervorgebracht hat, ganz unabhängig von der politisch-wirtschaftlichen Situation des Landes, oft sogar in schreiendem Widerspruch zu ihr – als hätte jemand mit der Hand am Weltgetriebe dafür Sorge getragen, daß das Elend des einfachen Volkes von Zeit zu Zeit durch ein paar Malergenies (die möglicherweise genauso in Lumpen gehen wie das Volk) transzendiert wird. Velázquez ist ein Beispiel, El Greco ein anderes, Goya noch eines, Picasso, Miró, Tàpies und Chillida ragen aus der Kunst des zwanzigsten Jahrhunderts heraus. Eine verschwenderische Menge.

Der Umgang der Spanier mit ihren bedeutenden Köpfen ist nicht immer der beste gewesen. Daß der Prophet im eigenen Lande nichts gelte, ist ein in Spanien oft zitierter Spruch, dem allerdings von seiten der Einheimischen nicht die mindeste Selbstkritik folgt. Oft waren die Spanier außerstande, ihre Großen zu würdigen, haben sie gegängelt, gemaßregelt und ins Exil geschickt. Manchmal mußten die Künstler fortgehen, um frischere Luft zu atmen oder Neues zu lernen. Einen aber haben sie von Anfang an ordentlich behandelt, Dekret von oben, vom König selbst, und das war Diego de Velázquez, der es aus bescheidenen Anfängen und mit Hilfe eines gebildeten Schwiegervaters zum gefeierten Hofmaler und Ordensritter brachte. Sein Bild *Die Hoffräulein* (*Las Meninas*) ist das berühmteste Gemälde der gesamten spanischen Kunst, und es hängt – wo sonst – im Prado. Nun würde es reichen, um Glanz und Elend des kulturbeflissenen Spanien zu verstehen, die Geschichte dieses Museums zu erzählen, eines der Welttempel der Kunst, der aber immer wieder schlecht geführt und provinziell behandelt wurde: Drinnen ruhen die erlesensten Schätze der Malerei, und im Vorraum fehlt es an Schirmständern. Oder das Wasser, das vor wenigen Jahren in die Säle tropfte. Oder der Direktor, der eine Protesterklärung gegen den Golf-Krieg unterschrieb und dafür entlassen wurde. Von anderen haarsträubenden Episoden zu schweigen.

Schon einige Male in diesem Buch war von der Macht des Symbolischen die Rede. In Spanien belegt man alles Große – Künstler, historische Gebäude, berühmte Stadtviertel und so weiter – gern mit dem Wort *emblemático*. Das Praktische an diesem besonders von der Tageszeitung *ABC* verwendeten Begriff ist, daß man mit ihm nur herumzuwedeln braucht, ohne etwas beweisen zu müssen. Personen oder Dinge, die als *emblemático* gelten, residieren in einem anderen Reich, wo sie der Überprüfung durch Zweifel oder Argumente entzogen sind. Dadurch nehmen kulturelle Inszenierungen in Spanien oft einen blechernen Ton an; sie klingen hohl und etwas zu laut. Und in deutschen Ohren sowieso: Wir, für die alles Pathetische gründlich ruiniert und in verdienten Verruf geraten ist, empfinden die Dinge schnell als »zuviel«. Gefühle zu zeigen wird im Handumdrehen als sentimental angesehen, hinter feierlichen Augenblicken wittern wir leeres Getue. Ob Tränen, Freudentaumel oder Ergriffenheit: Wir bleiben skeptisch und cool. Wir warten ab, bis sich der wahre Charakter der Dinge enthüllt. Mit dieser Haltung lassen sich viele spanische Phänomene von außen betrachten, doch nicht verstehen. Deutsche profitieren also um so mehr von diesem Land, je stärker sie sich von den Dingen mitziehen und auf die Innenseite locken lassen. Für die skeptische Nachbetrachtung bleibt immer noch Zeit.

Der schönste Gewinn der spanischen Kulturinszenierungen ist vermutlich der runde theatralische Effekt, den niemand ankratzen oder in Frage stellen würde. Ich möchte von zweien dieser Inszenierungen erzählen, einer geglückten und einer verpatzten. Zuerst die geglückte. Abermals der Prado, zu jener Zeit ein gebeuteltes Museum, das von internem Streit und sich endlos hinziehenden Baumaßnahmen geschüttelt wurde. An jenem Tag war ich in den bedeutendsten aller Prado-Säle eingeladen worden, zusammen mit ein paar Kollegen und Fotografen. Der Saal mit der römischen Ziffer XII ist, ohne die mindeste Übertreibung, das Herz des Prado. Zwar hat der Bau des Architekten Villanueva eine zentrale Galerie, die noch weitaus imposanter ist und in der man lange laufen kann, ohne an Türen oder Wände zu stoßen. Aber der Grundriß des Museums zeigt doch, daß es im Prado eine klare Mitte gibt, einen Saal in der Form einer Basilika. Dort hängt seit dem neunzehnten Jahrhundert *Die Königliche Familie*, jenes Bild also, das etwa seit derselben Zeit auf deutsch *Die Hoffräulein* genannt wird.

Von diesem um 1656 vollendeten Gemälde sagte der damalige Prado-Direktor Fernando Checa einmal, kein Tag werde vergehen, an dem es im Prado nicht zu sehen sei.

Ein gewagtes Versprechen, wenn man an die langwierigen Renovierungsarbeiten der neunziger Jahre denkt. Da mußte das Dach ausgebessert werden, nicht nur wegen des Regens, sondern auch wegen irgendeines Kondenswassers, das genauso naß war. Dann wurde die Beleuchtung überholt, die Klimatisierung, die Sicherheitstechnik, neue Tapeten mußten ebenfalls her, und schließlich wollte man die Bilder so hängen, daß man in den nächsten Jahrzehnten nicht mehr daran zu rühren brauchte.

Und jetzt also sollten die *Hoffräulein* endgültig wieder in den zwei Jahre lang verschlossenen Saal XII. Als wir dort auftauchten, hingen sie allerdings noch nicht. Sie standen auf grauen Decken, neun Quadratmeter eines erstaunlich matten Gemäldes mit dunkelbraunem Rahmen. Der Eindruck des Matten lag nicht nur daran, daß die Farben, in denen sich die Familie und der Hofstaat König Philipps IV. dem Betrachter darbieten, im Lauf der Jahrhunderte etwas verblaßt sind, sondern auch an der fehlenden Beleuchtung: Sie sollten ja vor unseren Augen aufgehängt werden, die *Hoffräulein*, und nur für uns würde sich später jemand an den fast zehn Meter weiter oben angebrachten Lampen zu schaffen machen und das Meisterwerk zum Strahlen bringen.

Es ist immer erregend, Menschen beim Umgang mit ewigen Werten zu erleben, erregend und doch wieder profan. Denn Menschen sind nicht ewig, und ihr Werkzeug ist es auch nicht. Das surrt, scharrt oder quietscht, und manchmal versagt es den Dienst. Ist für die Hängung der *Hoffräulein* auch genug geübt worden? Ein weiter Bereich vor dem angelehnten Gemälde, groß genug für zwei Bigbands, ist abgetrennt, was Säkularisten eine Sicherheitszone und Metaphysiker einen geheiligten Bezirk nennen würden. In dem geheiligten Bezirk stehen zwei Alumini-

umleitern, eine große und eine kleine, dazu eine Hebe-
bühne und ein dottergelber Gabelstapler. Eine Rede ist gehalten worden, aber sie interessiert kaum jemanden, solange hinter dem Redner die *Hoffräulein* stehen und nicht
hängen. Wahrscheinlich haben wir alle die uniformierten
Monteure gezählt, die von einem Fuß auf den anderen treten, als müßten sie sich aufwärmen, um ihre gute Trai-
ningsleistung im Wettkampf zu wiederholen. Ernste Gesichter darunter, nichts Leichtfertiges im Blick. Manchmal
fährt eine von zwölf kräftigen Händen zum Gürtel, wo das
Mobiltelefon sitzt. Sollte es jemand von draußen wagen, in
diesen Minuten im Saal XII anzurufen?

Jemand ist hinzugetreten, ein Mann in dunkelblauer
Uniform, der ein bißchen so aussieht wie ein Kapitän zur
See. Es hat den Anschein, er erteile den Monteuren Be-
fehle. Tatsächlich machen die Monteure aber alles von
selbst, auch wenn einer von ihnen Kaugummi kaut. Der
Kapitän zur See darf am Anfang ein wenig mit den Armen
rudern, dann sinkt er in die Bedeutungslosigkeit zurück,
und je länger er dort herumhuscht, desto mehr denkt man,
ihm fehle sein Schiff. Denn jetzt rollen die Maschinen und
das Handwerkszeug heran. Musik flutet in den Saal. Der
Gabelstapler hat sich genähert, greift unter das Gemälde,
hebt an ohne Ächzen; die Decken können weg. Zwei
Holzblöcke werden untergeschoben. Jetzt kommt die He-
bebühne heran, ein Wägelchen mit geländegängigen
Gummireifen und dem metallenen Hals eines Außerirdi-
schen, und läßt einen Monteur mit leisem Surren empor-
schweben, über den blonden Scheitel der Infantin Marga-
rita hinaus, über den Schnurrbart des Malers Velázquez
hinaus, der gemalten Decke entgegen. Und der Montcur
steigt immer noch.

Wir sind vom geheiligten Bezirk weit genug entfernt, daß wir den Kopf nicht in den Nacken legen müssen, doch in Wahrheit würden wir genau das gern tun: nahe genug dran sein, um den Kopf in den Nacken legen zu müssen. Der Monteur hält eines der beiden Drahtseile in der Hand, an denen die *Hoffräulein* hängen werden. Er muß doch nicht dübeln dort oben? Nein, er überlegt. Dann berät er sich mit einem Kollegen von unten, nicht dem Kaugummikauer, und befestigt das Drahtseil in einer Haltevorrichtung. Was immer ihm jetzt aus der Hosentasche fiele, ein schwerer Schreinerbleistift, ein Teppichmesser, würde unweigerlich die *Hoffräulein* treffen, die mit leichter Neigung nach oben blicken.

Als der Monteur beide Drahtseile verankert hat (er rupft daran so gewissenhaft, daß wir denken, er tue es für uns), zieht der Außerirdische wieder seinen langen Hals ein, und der Monteur gleitet herab. Nun hebt der Gabelstapler die *Hoffräulein* dem baumelnden Draht entgegen. An jeder Seite stehen zwei Monteure, die den Rahmen halten. Paßt auf, wohin ihr die schwieligen Hände legt! Sie passen auf. Die *Hoffräulein* schweben. Vielleicht ist dies der feierlichste Augenblick der ganzen Zeremonie, dieser besondere Moment, in dem der Theatereffekt sich rundet. Lange schwebt das Gemälde allerdings nicht, es wird kaum einen Meter über dem Boden zu hängen kommen. Oben werden jetzt die Drahtseile eingehakt. Der Kapitän zur See sieht aus, als wollte er das Bild lieber vertäuen. Als die *Hoffräulein* um die letzten Millimeter justiert werden, läuft eine sanfte Bewegung durch unsere Gruppe. Tatsächlich, wir nicken. Dann klatscht jemand in die Hände, und ein Fotograf legt die Kamera auf dem Boden ab, um es dem Klatscher gleichzutun. Wir alle nicken und klatschen. Die

Sache mit der Beleuchtung, so bedeutsam sie für den rechten Genuß von Museumsmalerei auch sein mag, kann es mit der Hängung natürlich nicht aufnehmen: Wir haben das Wichtigste gesehen und huschen nur noch rasch in den Saal XIV hinüber, wo sich Velázquez' Porträt des Äsop befindet, ein alter Kerl im Hausmantel, der zunächst wie ein etwas verkommener französischer Intellektueller an einem verkaterten Vormittag wirkt. Bis den Betrachter der wissende Dichterblick über den tiefen Tränensäcken trifft, und er wird demütig und weiß endgültig, daß der Mann aus Sevilla wirklich der »Maler aller Maler« war.

Wie nüchtern ich über solche festlichen Aktionen auch nachdenke, ich erliege fast immer ihrem Reiz. Es macht Spaß, sich dem Theater zu überlassen, wenn das Theater gut ist. Das beste Theater allerdings sah ich an einem Abend, als alles danebenging. Es war im Madrider Teatro Real, der Königsoper, die viele Jahrzehnte geschlossen war (ohnehin galt das Liceu in Barcelona immer als die bessere Sängeroper) und nun ihre ersten Spielzeiten hinter sich brachte, stolpernd noch, denn der Direktor war eitel und wußte nicht, wie er seine schöne neue Oper vernünftig repräsentieren sollte. In jenem schwierigen Winter der Anfangsjahre also starb der spanische Tenor Alfredo Kraus, ein allseits geliebter und geachteter Mann, ein empfindlicher, wählerischer Künstler dazu. Kraus starb, und das Teatro Real zu Madrid hatte eine schreckliche Idee: Es wollte dem Verstorbenen eine Hommage ausrichten, einen Galaabend, und irgendwie mußte man wohl von Anfang an argwöhnen, daß die Veranstaltung ebensoviel Glanz auf das Teatro Real lenken sollte wie auf den Dahingegangenen.

Nachdem die guten Absichten von vornherein klein

und dünn wirkten, durfte man sich weitere Fragen stellen: Warum überhaupt eine Gala in einem Opernhaus, von dem der Gentleman-Tenor Kraus sich am Ende seiner Karriere mißachtet fühlte? Wieso eine Hommage mit zweien der *Drei Tenöre*, Plácido Domingo und Luciano Pavarotti, in denen Kraus willige Vollstrecker der Banalisierung sah? Er wußte genau, warum er kein vierter Tenor werden wollte. Vielleicht wäre dennoch alles einigermaßen glattgegangen, hätte der Abend den 1700 Anwesenden nicht noch drei kurzfristige Absagen beschert. Die ersten beiden standen auf einem Zettel, der dem Programm beilag: Die Sopranistin habe Grippe, und der Tenor trauere um seinen dreijährigen Sohn, der zwei Tage zuvor gestorben sei. Doch als mitgeteilt wird, auch Luciano Pavarotti fühle sich »indisponiert« und habe die Veranstaltung wenige Stunden zuvor abgesagt, ertönen im Saal Pfiffe und Protestrufe. Die Nachricht, daß Plácido Domingo nur dirigieren und nicht singen wird, macht es nicht besser. Und je lauter die Rufe werden, desto auffälliger, peinigender, ja schuldbewußter wirkt die Tatenlosigkeit der Opernleitung.

Das Publikum auf seinen teuren Plätzen, die Reichen, Schönen und Parfümierten, der Kulturminister, die Senatspräsidentin, der Bürgermeister, die Ehefrau des Regierungschefs, die Stars der Medienbranche: Sie schweigen. Das Philharmonische Orchester Madrid streichelt nervös die Instrumente. Der Dirigent wartet. Als sich endlich Ruhe über den Saal senkt, ertönen die ersten Takte von »Parto, parto, ma tu ben mio« aus Mozarts *Clemenza di Tito*, doch kaum hat die unglückliche erste in der Sängerriege, eine rumänische Mezzosopranistin, die Stimme erhoben, schallt es durchdringend von den oberen Rängen:

»Unverschämtheit! Geld zurück!« Die Musik bricht ab, Programmhefte regnen von den Balkonen, Dirigent und Sängerin verlassen hastig die Bühne.

Was hörbar bleibt, ist Gemurmel. Endlich, zwanzig Minuten nach dem offiziellen Veranstaltungsbeginn, wendet sich der Direktor des Teatro Real an das Publikum. Es ist so laut, daß er ohne Mikrofon gegen die Menge keine Chance hat, und als ihm schließlich eins gereicht wird, muß er sich immer wieder das Wort erkämpfen, um peinliche Details bekanntzugeben, etwa jenes von dem Privatflugzeug, welches das Teatro Real in Rom für Domingo und Pavarotti bereitgestellt und das am Ende nur Domingo bestiegen hat. Jetzt ist an Ruhe dort oben gar nicht mehr zu denken, nur die Wohlhabenden, Geschmückten und Gepuderten hier unten verhalten sich still. Vielleicht zieht deshalb wieder der Dirigent ein, und die rumänische Sopranistin, die sich abermals neben ihm postiert, zeigt eine opferbereite Miene und schaut ins Publikum, als wollte sie mit ihren schönen großen Augen tief in die Seelen der Störenfriede blicken. Aber entweder haben Störenfriede keine Seele, oder die Entfernung bis zu den Balkonen ist zu groß, jedenfalls lacht, rumort und zischelt es weiter wie auf dem Schulhof, und die schönen rumänischen Augen werden mit jeder Minute glasiger, während der Dirigent, der mit dem Rücken zum Publikum steht, vor Wut rot anläuft, was nur wir auf den vorderen Außenplätzen sehen können; so hat jeder Platz sein kleines Privileg.

Es folgt ein neuer Beginn mit Musik, den ein Zwischenruf von weit oben nach Sekunden zunichte macht. Die Wut des Dirigenten steigert sich, während in die rumänischen Augen so etwas wie Verzweiflung kriecht. Der Direktor läuft erregt vor der Bühne herum und erklärt das

Konzert für beendet, wer wolle, bekomme an der Kasse sein Geld zurück. Man kann ihn aber nicht gut hören ohne Mikrofon, und so rudert er mit den Armen wie ein Schiedsrichter beim Fußball, dann wirft er die Arme in die Luft, als wollte er sagen: *Geht doch alle zum Teufel!* Wie viele tatsächlich zum Teufel gehen, ist schwer zu schätzen; die Frau des Regierungschefs ist jedenfalls nicht dabei.

Vom Foyer her ertönt Tumult. Rücktrittsforderungen und Schreie von »Betrug!« dringen in den Saal, der nun ganz dem Publikum gehört. Und tatsächlich, die Betuchten, Geschäumten und Geleckten wachen auf. Sie erheben sich von ihren Sitzen und fordern durch anschwellendes Klatschen die Rückkehr des Orchesters. Ein Machtvakuum ist entstanden, das selbst der Dritte Beleuchter zu füllen vermöchte, wenn er nur entschlossen zu Werke ginge. Und das Orchester kommt zurück, auch die Sängerin, auch der gerötete Dirigent, und nun spielen sie wirklich, während draußen an die Türen gehämmert wird, weil viele der Gegangenen wieder Einlaß begehren, was die Saaldiener energisch zu verhindern suchen, auch sie sind härter geworden in den letzten dreißig Minuten und haben, wie Thomas Mann sagt, in des Lebens schmallippiges Antlitz geblickt; es heißt später, mehrere Türknöpfe seien den Handgreiflichkeiten zwischen Publikum und Sicherheitspersonal zum Opfer gefallen.

Es wurde dann noch ein mehr oder minder vollständiger Abend mit Momenten der Rührung. Nicht daß makellos musiziert worden wäre, überhaupt nicht; das Orchester war so durcheinander, daß bei den Streichern mehrmals ein Bogen vernehmlich ans Holz krachte, freilich ein Nichts im Vergleich zu der Brüllerei zuvor, und so empfanden es wohl auch die Dekolletierten, Bestäubten und Verwelkten, die durch Standhaftigkeit die Musik erzwangen, für die sie so teuer bezahlt hatten: Schnipsel aus Mozart, Verdi, Puccini, Donizetti und natürlich Massenet, mit dessen *Werther* Alfredo Kraus bis ins hohe Alter aufgetreten war.

El País schrieb am nächsten Tag, Plácido Domingo hätte sich vor der Verantwortung gedrückt und den Schreihälsen nicht die Stirn geboten. Ich weiß nicht; vielleicht ist es von einem Sänger im schwarzen Hemd zuviel erwartet, den Kämpfer zu mimen, der er nicht ist. Wer jedoch ganz sicher ein Kämpfer ist und es auch zeigte, war der junge, kleine, kugelrunde venezolanische Tenor Aquiles Machado, ein Lieblingsschüler von Alfredo Kraus und insofern bei dieser Hommage am richtigen Ort. Er trat als zweiter an die Rampe, als die Stimmung noch durchaus labil war, reckte den runden, geölten Kopf herausfordernd ins Publikum und war mit »Ella mi fu rapita« aus dem *Rigoletto* zur Stelle, als hätte ihn die Farce zuvor in Drachenblut gebadet. Irgendwie schaffte Machado es jetzt, mit den sinnlos verpulverten Leidenschaften des Publikums seine Gesangskunst zu befeuern: Die große Oper, hier und heute, bestand nur noch in der Frage, ob man ihn in Ruhe singen lassen würde, und weil er wild entschlossen war, alles dafür zu geben, reckte er nach der ersten Arie die Faust wie ein triumphierender Tennisspieler nach dem *big point* und unterließ es allenfalls, nach einem Passierball zu hechten.

Mit dem verehrten Toten hatte das alles natürlich nichts zu tun, und das ist wieder das zutiefst Spanische an diesem Vorgang: Wie sich das Theater im Handumdrehen von seinem Anlaß trennte, wie sich das geplante Stück in ein anderes verwandelte, das seinerseits im Nu die Gefühle des

Publikums fesselte. »Viva Alfredo Kraus!« kam es vereinzelt aus der großen Menge; es klang wie eine Beschwörung. Tröstlich zu wissen, daß der Künstler diesen Abend zu seinen Ehren nicht erleben mußte. Der Operndirektor gab zu Protokoll, er habe nichts anderes gewollt als eine postume Versöhnung zwischen Alfredo Kraus und den *Drei Tenören*, eine schöne Gala sei es gewesen, insgesamt, nur leider mit dem falschen Publikum, man sehe sich nur einmal die beschädigten Türen an.

Die Liga der epischen Künstler

Gehen Sie auch so spät ins Bett wie die Spanier? Dann können sie dabeisein, wenn TVE1, der meistgesehene spanische Sender, gegen zwei Uhr nachts die dritte Ausgabe seiner Nachrichten bringt. Jetzt endlich, da der Abend sich neigt, zeigt sich, was die Spanier in ihrem Herzen bewegt. Denn der Nachrichtensprecher teilt das Studio mit einem Mann, der ausschließlich für die Welt des Sports zuständig ist. Und das wiederum bedeutet in Spanien: Fußball. Die beiden im Studio haben dabei durchaus ihren Spaß. Sie scherzen ein bißchen, und wenn Ereignisse von überragender nationaler Bedeutung anstehen wie das Kräftemessen zwischen Real Madrid und dem FC Barcelona, läßt auch der Nachrichtenmann seine fußballerische Expertenschaft ahnen. Vor dem Fußball sind wir alle gleich, Kinder vor der weihnachtlichen Bescherung. Dies ist ein Land, in dem wichtige Sitzungen vertagt werden, wenn sie mit dem Spielplan der Champions League kollidieren. Auf den Ehrentribünen der Stadien zeigt sich alles, was in Spanien Rang und Namen hat, Politiker, Magnaten, auch das Königspaar. Selbst im Parlament lassen sich Abgeordnete mit einem Schal in den Farben ihres Lieblingsvereins fotografieren. Kaum verwunderlich, daß die spanische Sportkultur auch Leute mit illegalen Neigungen und miserablen Manieren wie Jesús Gil y Gil hervorgebracht hat, den Bauunternehmer, langjährigen Bürgermeister von Marbella und Präsidenten von Atlético Madrid, dessen zwielichtige Karriere spät genug ihr Ende fand. Ein spanischer Journalist erzählte mir einmal, er und seine Kollegen hätten nur einmal im Leben Gelegenheit zu einem ehrlichen Artikel über Gil y Gil. Wenn der Artikel geschrieben sei, werde man von dem jähzornigen, zur Unflätigkeit tendierenden Mann beschimpft, verunglimpft und ganz sicher nicht mehr zum Interview vorgelassen.

Die spanische Fußballbegeisterung, die sich in vier täglichen Sportzeitungen niederschlägt, hat ihre Ursachen. Da ist der südländisch-mediterrane Sinn für kochende Emotionen und großes Spektakel. Dann die Ablenkungs- und Ventilfunktion, die der Sport in politisch oder wirtschaftlich trüben Zeiten schon immer zu übernehmen hatte. Ferner der spanische Hang zu theatralischer Symbolik. Und schließlich die enge Bindung der Menschen an ihren Heimatflecken, die ein Fußballteam zum idealen Vertreter der lokalen Identität macht. Deshalb dürfen Fernsehdirektoren und Programmplaner mit Verständnis rechnen, wenn vier von fünf Sendern gleichzeitig Fußball zeigen (ein Zustand, über den sich die Fußballhasser regelmäßig in Leserbriefen an die großen Tageszeitungen beschweren). Und eben weil der Fußball eine Sache der lokalen oder zumindest der regionalen Identität ist, können sich die Spanier nicht für die eigene Nationalmannschaft erwärmen. »Spanien« ist für wahre Fußballfans nur eine Abstraktion. Was Deutschland im Jahre 1954 mit dem »Wunder von Bern« schaffte, wäre in Spanien kaum denkbar. Einem Basken würde es einfach nicht in den Sinn kommen, einen Madrilenen im spanischen Nationaltrikot genauso anzufeuern wie einen Spieler seines baskischen Heimatvereins.

Am tollsten aber ist, wie der oben erwähnte Mann für die Sportnachrichten spät nachts bei TVE1 seinen Tag beschließt: Er darf einen Überblick über die Schlagzeilen der noch tropfnassen Sportzeitungen des folgenden Tages geben. Allen Ernstes. Er liest also vor, und wir, das Publikum, sehen die Schlagzeilen auch, weil die Kamera dem Sportmann buchstäblich auf der Schulter hockt. So lernen wir, warum der FC Barcelona nun doch einen neuen Trainer braucht oder wie lange der Knöchel dieses oder jenes Stürmerstars in Gips bleibt. Mit der Lektüre der Schlagzeilen von vier Sportzeitungen ist der Sportteil innerhalb der Spätnachrichten unwiderruflich zu Ende. Der Sportmann wünscht angenehme Nachtruhe.

Ansehen und Qualität des spanischen Fußballs haben sich in den letzten Jahren verändert. Galt Jahrzehnte hindurch vor allem die italienische Liga als El Dorado der internationalen Zunft, hat die *Primera División* inzwischen zur Konkurrenz aus Italien aufgeschlossen. Der teuerste Spieler der Welt, Zidane, wurde nicht von Inter Mailand oder Juventus Turin, sondern von Real Madrid verpflichtet. Das paßt, schließlich handelt es sich hier, wie der Weltfußballverband ermittelt hat, um den größten Fußballverein des letzten Jahrhunderts. Spanische Vereinsmannschaften – nicht eine, sondern drei oder vier aus verschiedenen Winkeln des Landes – gehören in den letzten Jahren zu den herausragenden Teams in den europäischen Wettbewerben, und das, obwohl die spanische Nationalmannschaft, als wäre sie verhext, bei Welt- oder Europameisterschaften noch nie eine auffällige Rolle gespielt hat.

Wer spanischen Mannschaften regelmäßig zuschaut,

verliert die Lust auf das grobe Gebolze der Bundesliga und die sogenannten »deutschen Tugenden«. Der Unterschied beruht nicht allein auf der vielbeschworenen südlichen Mentalität, sondern auf einer fundamental anderen Auffassung des Spiels. Die erfolgreichste deutsche Mannschaft der letzten Jahrzehnte, Bayern München, hat sich einen Ruf als diszipliniertes, stures Abwehrbollwerk erworben. Die beste spanische Mannschaft dagegen, Real Madrid, ein offensiver Wirbelwind, findet sich zur Verteidigung des eigenen Tores so wenig bereit, daß sie gern drei Tore kassiert, wenn die eigenen Stürmer nur fünf dafür schießen. Real Madrid – wie auch der FC Barcelona – ist für normiertes taktisches Spiel ungeeignet. Der Gegner muß mit Tempo, Tricks und atemberaubenden Spielzügen förmlich überrollt werden. Wen kümmert es, daß die Abwehr seit Jahren wackelt und sogar schon erschreckend schwache Spieler dort hinten mitkicken durften? Die Abwehr ist nur da, weil vor dem Torwart irgendwer stehen muß. Fußball ist aber nicht Destruktion, sondern Kreativität. Deshalb stellt es ein kulturelles Mißverständnis dar, der Mannschaft, die an guten Tagen mit Doppelpässen und Hackentricks glänzt, Überheblichkeit vorzuwerfen. Sie braucht die künstlerischen Elemente des Spiels wie die Luft zum Atmen. Ein ermauertes und erschlichenes 1:1 ist nicht wert, im Gedächtnis bewahrt zu werden. Ein feuriges 4:2 dagegen, ein Sieg mit epischen Zügen, mit Kampf, Aufholjagd, großen Gewinnern und großen Verlierern, bietet das, was den Anhängern noch lange in der Erinnerung bleibt. Nur dafür, für die *noche mágica*, gibt es Fußball. Nichts drückt das besser aus als Zidanes Volleyschuß zum 2:1 von Real Madrid gegen Bayer Leverkusen: der Stoff, aus dem die Champions sind.

Weil der Sport mit Leidenschaft verfolgt und kommentiert wird, also nichts Leichtes und schon gar kein Zeitvertreib ist, regiert tief im Gemüt eines jeden spanischen Fußballbegeisterten die absolute Humorlosigkeit. Fußball ist so ernst, daß der Versuch, dem Geschehen mit Show von außen zusätzlichen Reiz zu verleihen, in Spanien nie unternommen wurde. Wenn die Stammelsprache der Fußballtrainer in peinlicher Breite gedruckt oder gesendet wird, sieht das zunächst natürlich kein bißchen besser aus als in Deutschland. Nur würde es niemandem einfallen, sich darüber lustig zu machen. Die Fußballsprache ist kein geeignetes Objekt der Parodie. Wahrscheinlich ist es auf diesen Ernst zurückzuführen, daß die Sportberichterstattung im spanischen Fernsehen von so hoher Qualität ist. Sport braucht keine Quiz-Einlagen, weder Geschmacksverstärker noch optische Aufheller. Spanische Moderatoren verzichten auch auf Witze, Wortspiele und die hechelnde Ironiebereitschaft ihrer deutschen Kollegen. Fehlte das Bild, ließen sich ihre Kommentare wie Radioreportagen benutzen. Die Tages- und Sportzeitungen wiederum tun sich durch aufwendige Graphiken und Fotosequenzen hervor. Was so wichtig ist wie Fußball, darüber sollte man alles wissen, und damit ist tatsächlich gemeint: *alles.*

Ähnlich wie in Deutschland gibt es in Spanien die Meisterschaft (*Primera División*) und den Vereinspokal, der mit dem Namen des Königs verbunden ist (*Copa del Rey*) und dessen Endspiel deswegen häufig im Madrider Bernabéu-Stadion, nahe dem königlichen Palast, ausgetragen wird. Die Geschichte der Ersten Spanischen Liga reicht über siebzig Jahre zurück. In dieser Zeit sind nur die drei historischen Mannschaften Real Madrid (achtundzwanzig Meistertitel, fünfzehnmal Vizemeister), FC Barcelona (sechzehn Titel, zwanzigmal Vizemeister) und Athletic de Bilbao (acht Titel) niemals abgestiegen. Erstaunlich, aber wahr: Bei Bilbao spielen bis heute nur Leute, die aus dem Baskenland oder Navarra stammen. Die Nummer vier der ewigen Liste, Atlético Madrid, hat immerhin neun Meistertitel vorzuweisen. Natürlich sind die Kräfte in der Hauptstadt ungleich verteilt. Aber das sind sie auch in Barcelona, wo dem großen FC Barcelona die unscheinbare Mannschaft Espanyol Barcelona gegenübersteht.

Wer aber wirklich etwas Unscheinbares erleben möchte, muß in die Provinz Soria gehen, eine ziemlich menschenverlassene Gegend, die eine Autostunde nordöstlich von Madrid beginnt und dann außer der Hauptstadt, die ebenfalls Soria heißt, nur noch kleine Dörfer zu bieten hat: schöne, in Ruhe gelassene Dörfer, durch die immer wieder der Duero fließt. Sein breites silbernes Band verzaubert im Sommer die ganze Provinz und die Nachbarprovinzen Burgos, Segovia und Valladolid dazu. Im Winter allerdings sinken die Temperaturen unter Null.

In dieser Gegend spielt Peter Handkes bemerkenswerte Erzählung *Versuch über die Jukebox* (1990), und unter den Einzelheiten, die der Schriftsteller erwähnt, ist auch der örtliche Fußballverein, der den klingenden Namen Numancia trägt. Althistoriker wissen damit sofort etwas anzufangen. »Numantia«, wie Lateiner schreiben, war die keltoiberische Festung, deren Bewohner im zweiten vorchristlichen Jahrhundert so viele römische Feldherren blamierten, daß Scipio Africanus der Jüngere anrücken mußte, um die viertausend Einwohner zählende Stadt in die Knie zu zwingen. Manche bestreiten, daß es ihm gelungen sei. Denn die Römer wollten keinen offenen

Kampf mehr riskieren, sondern zogen es vor, die Numantiner in aller Ruhe auszuhungern. Scipio, der Zerstörer Karthagos, staute also den Duero, zog eine neun Kilometer lange Mauer um die Stadt und errichtete sieben Befestigungstürme. Als sie nach einem Dreivierteljahr entkräftet und am Ende waren, so die Legende, beschlossen die Numantiner, sich lieber gegenseitig umzubringen, Frauen, Kinder und Männer: Alles, um dem Scipio seinen Triumph zu verderben.

Cervantes hat in seinem Drama *Numancia* das dumme Gesicht des Scipio beschrieben, als seine Leute über die Mauern der belagerten Stadt gucken und ihrem Feldherrn berichten, was sie dort sehen: ein »Meer von Blut« und »abertausend Leiber, die greulich in Numancias Straßen liegen«. Als die Römer schließlich einziehen, treffen sie auf einen einzigen Überlebenden, einen Jungen, der sich auf einem Turm verschanzt hat. Das wäre nun ein Zeuge, denken die Römer, wenn er doch von seinem Turm herunterstiege und sich artig gefangennehmen ließe. Scipio verspricht ihm auch alles mögliche, Leben, Freuden und Reichtum. Aber der Junge hält noch eine lange Rede, vom »freien Sinn, der Pakt und Bündnis scheute«, von »diesem Volk, das nichts mehr ist als Hauch«. Dann stürzt er sich noblen Sinnes in die Tiefe. Scipios Lorbeer ist bitter.

Wo einst Numancia stand, befindet sich heute eine weitläufige Ausgrabungsstätte, an der man Reste der römisch-iberischen Wohnkultur aus der Zeit nach der numantinischen Zerstörung bestaunen kann. Sechs Kilometer weiter südlich, nun schon in der Stadt Soria, hat der Sportklub Numancia sein Stadion. Es trägt den putzigen Namen *Los Pajaritos* (Die Vögelchen). Numancia war und ist ein Provinzverein, was nicht nur Peter Handke gefällt.

Während die Mannschaft in den Niederungen der dritten Liga herumkrebste, bekannten spanische Schriftsteller wie Javier Marías und Julio Llamazares immer wieder ihre heimliche Leidenschaft für den kleinen Verein.

Das mag literarische Gründe haben ebenso wie autobiographische. Spanische Dichter wie Gustavo Adolfo Bécquer, Antonio Machado und Gerardo Diego lebten eine Zeitlang in Soria und haben hier das klassische Altkastilien besungen, den Duero, die harten Winter und menschenleeren Felder. Ihre modernen Kollegen verbinden mit Soria die Sommer ihrer Kindheit oder ausgedehnte Reisen durch ein Gebiet, das in seiner Abgeschiedenheit Welten von der hektischen Hauptstadt Madrid entfernt ist. Dann geschah ein Wunder: Numancia machte auch sportlich von sich reden. Mitte der neunziger Jahre wäre es der Mannschaft um ein Haar gelungen, den FC Barcelona unter Johan Cruyff aus dem spanischen Vereinspokal zu werfen. Ein Jahr später stiegen die Sorianer in die Zweite Liga auf, und im Sommer 1999 schafften sie den Aufstieg in die *Primera División*. Bis dahin hatte das Jahresbudget sechs Millionen Mark betragen, kaum zehn Prozent der Summe, die Real Madrid zu Beginn jener Saison für einen einzigen Stürmer ausgab. Bis dahin hatten ausschließlich Spanier in der Mannschaft gespielt, Leute aus der Gegend oder solche, die sich der Provinz verbunden fühlten.

Das mußte sich nun ändern. Der Etat verdreifachte sich, und für den Schleuderpreis von einer Million Mark kamen vierzehn neue Spieler, auch aus Frankreich, Argentinien, Uruguay und Kamerun. Der Trainer, der die Mannschaft acht Jahre lang betreut und zum Erfolg geführt hatte, trat freiwillig zurück, weil er sich dem rauhen Wind der *Pri-*

mera División nicht aussetzen wollte. Und dann griffen die Numantiner zu einem Trick, der ihren antiken Vorfahren kaum gefallen hätte: Sie verkleinerten ihr Spielfeld in der Länge und in der Breite, damit die teuren Angriffsreihen der Großvereine aus Madrid und Barcelona es im Stadion *Los Pajaritos* etwas schwerer hätten. »Denn nie hat an Beweisen es gefehlt«, sagt Cervantes in seinem Drama, »wie weit Numancias Freiheitsliebe geht.« An einem wunderbaren Augusttag stand ich einmal auf dem Rasen des 9500 Zuschauer fassenden Stadions und sah, einen Meter neben der Außenlinie, die alte, blasse Kalkmarkierung. Es war der melancholische Rest des früheren Offensivgeistes.

Mit dem Beginn der neuen Erstliga-Saison wurde es dann ernst. Gleich das zweite Spiel (im ersten waren sie vor eigenem Publikum zu einem 1:0-Sieg gestolpert) führte Numancia nach Madrid, und zunächst schien das Team von der Kulisse von siebzigtausend Zuschauern im Bernabéu-Stadion wenig beeindruckt. Doch kaum hatten sich die Leute nach der Halbzeit wieder hingesetzt, schien Numancia das historische Schicksal einzuholen: Mit einem spektakulären Eigentor lieferte sich die Mannschaft einem eher mittelmäßigen Gegner ans Messer und trat mit einer 1:4-Niederlage die Heimreise an.

Danach spielten sie in der Liga mit, so gut sie konnten, und rutschten Woche um Woche etwas tiefer in den Sumpf. Obwohl, wie Cervantes schreibt, »bisweilen kühne, starke Männer / auch überwinden schwerste Hindernisse«. Einer dieser außergewöhnlichen Tage kam, als Numancia im eigenen Stadion gegen Barcelona zehn Minuten vor dem Abpfiff 0:2 zurück lag und am Ende noch ein 3:3 daraus machte. »Barcelona begeht in Soria Selbstmord«, schrieb die Sportpresse am folgenden Tag, und es war tröstlich für Numancia, daß sich ausnahmsweise einmal die anderen das Messer an die Kehle gesetzt hatten.

Von Peter Handke hieß es damals, vor gut zehn Jahren, er habe in gelegentlich aufgestöberten spanischen Tageszeitungen das Kleingedruckte studieren müssen, um die Ergebnisse seines Drittliga-Vereins Numancia zu erfahren. Zwei allzu kurze Jahre lang war das nicht mehr nötig. Die Tore für und gegen die Sorianer wurden sogar im deutschen Kabelfernsehen gezeigt.

Dann hatte die harte Wirklichkeit den kleinen Provinzklub wieder. Auch die Nichtabstiegsprämie von rund dreißigtausend Euro, die Javier Marías ausgesetzt hatte, bewahrte Numancia nicht vor dem Sturz nach unten. Und dort krebsen die Numantiner jetzt herum, im unteren Mittelfeld der Zweiten Liga. Dennoch weiß der Vereinspräsident, daß Numancia etwas Besonderes ist. Er nennt es den »Klub der Schriftsteller« und findet, es gebe »keinen besseren, ehrenvolleren und höheren Titel«. Wahrscheinlich hat er recht. Lang lebe Numancia.

Freund Stier

Manche Leser und Leserinnen werden sich über dieses Kapitel ärgern. Vorsichtshalber erkläre ich also gleich zu Beginn, daß ich den Stierkampf, wie er in Spanien praktiziert wird, nicht verurteile. Ich finde ihn nun einmal, anders als viele meiner Landsleute, nicht grausam, barbarisch und tierquälerisch. Ich kann auch nicht behaupten, ich sei ein Liebhaber oder *aficionado*. Dafür verstehe ich von dieser Kunst zuwenig. Aber wenn ich in einer Bar einen Kaffee trinke und im Fernsehen läuft gerade eine *corrida de toros*, schaue ich hin, als wäre es Fußball. Was sich dort auf dem Sand der Arena abspielt, ist eine ästhetische Darbietung und kann genauso begeistern wie ein schöner Steilpaß oder ein gelungener Fallrückzieher.

Man darf nicht glauben, alle Spanier seien vom Stierkampf überzeugt, interessierten sich dafür oder billigten ihn. Es heißt sogar, die Zahl der wahren Anhänger gehe zurück. Manche Schriftsteller dreschen in ihren Kolumnen rituell auf den Stierkampf ein und geißeln ihn als Tierquälerei, oberstes Machosymbol und Relikt eines ranzigen, rückständigen, der Folklore ausgelieferten Spanien. Fremde jedoch, die sich ein wenig mit den andalusischen Stierkämpferdynastien oder der Aufzucht der Kampfstiere beschäftigen, könnten von dem Ernst und der Leidenschaft, mit der die wahren Liebhaber ihrer Arbeit nachgehen, beeindruckt sein. Läßt man die letzten zwanzig Minuten seines Lebens außer acht, ergeht es Kampfstieren in Spanien nicht nur besser als allen anderen Tieren, die Gott geschaffen hat, sondern auch besser als vielen Hausfrauen, Sozialhilfeempfängern und marokkanischen Immigranten. Denn der Stier wird auf saftigen Weiden gepäppelt, er bekommt das beste Futter serviert, er genießt Sonne, frische Luft und gelegentlich sogar die Gesellschaft von Damen. Wenn Tiere wählen könnten, würden die meisten nicht mit hoher Wahrscheinlichkeit und ohne zu zögern ein Dasein als Kampfstier wählen? Und was, wenn *Menschen* wählen könnten?

Einer der größten Kenner des Stierkampfs war der Stierkampfkritiker Joaquín Vidal, der für *El País* von 1976 an bis zu seinem Tod im Jahr 2002 rund fünftausend Artikel schrieb. Laien konnten von Vidal lernen, worauf es ankam, auch wenn sie nach Dutzenden von Beiträgen immer noch nicht jeden Fachausdruck der *tauromaquia* kannten. Denn Vidal erhob die Rezension dessen, was zwischen Torero und Stier geschah, zur literarischen Kunst, und wegen seiner literarischen Qualitäten wurde er auch von Stierkampfgegnern und Tierschützern gelesen. Die Arena war der Ort, der ihn zu seiner Kunst inspirierte, so wie die ersten Metropolen den unwiederholbaren Typus des literarischen Flaneurs hervorbrachten. Der argentinische Schriftsteller Julio Cortázar, einer der Meister der kurzen Form, sah in Vidal keinen Journalisten, sondern einen großen spanischen Erzähler.

Ein introvertierter Mann, ironisch, ungesellig, ganz seinem Handwerk verpflichtet. Und er scheute vor wenig zurück. Überkam ihn der Ekel angesichts eines schlechten Kampfstiers, war er fähig, das Tier in seinen Artikeln fortwährend »Ziege« zu nennen; es diente in seinen Augen nur noch einem billigen Vergnügen. Seine Feinde, wen wundert's, waren zahlreich: die Nostalgiker, die Schmeichler, die Manager, eitle Toreros, schlechte Züchter und raffgierige Empresarios.

Wie viele Leser von *El País* die Zeitung allein wegen seiner Kritiken kauften, läßt sich schwer nachweisen; daß aber viele als allererstes seine Stücke lasen, ist wohlbekannt. Bosheit und Ironie waren seine Waffen gegen ein Milieu, das er in unaufhaltsamer Dekadenz sah. Deshalb lobte er selten: Er fand, es gebe nichts zu loben. Als er dann starb, im Frühjahr 2002, sagte ein mit ihm befreundeter Schriftsteller und Stierkampfhasser, es sei Vidal weniger um Stiere gegangen als um Tapferkeit und besiegte Furcht, um Genius, Eingebung und Stil – das Theater menschlicher Größe und menschlicher Leidenschaften. Das erklärt manches, darunter auch seinen Abstand zum Milieu der Toreros und seine prinzipielle Ferne zu den Groupies des Betriebs. Einer der bedeutenden Toreros der letzten Jahrzehnte, Curro Romero, konnte daher auch nicht behaupten, ihn zum Freund gewonnen zu haben. Was er statt dessen zu Protokoll gab, könnte jedoch noch wichtiger gewesen sein: Vidal habe »immer die Wahrheit gesagt«.

Was aber ist die Wahrheit des Stierkampfs? Als ich zum ersten Mal in der Arena saß, fragte ich mich keine Sekunde, ob es wohl gruselig werde; das also schien die Wahrheit nicht zu sein. Eher freute ich mich an der Atmosphäre, der Farbe des Sandes, den Details, die man viel genauer sieht als am Fernsehschirm, dem körperlich spürbaren Risiko, das die Matadore eingehen und das sie mit ihren Fähigkeiten und ihrer Reaktionsschnelligkeit berechenbar zu machen suchen. Um das alles zu empfinden, muß man nicht Hemingway gelesen haben (der ja seinerseits dafür verantwortlich war, daß die *Sanfermines* von Pamplona zur touristischen Attraktion wurden). Vermutlich ist es hier wie mit vielen Dingen im Leben: Dem einen gefällt Wandern, dem anderen Eiskunstlauf, ein Dritter taucht gern. Ich empfinde instinktive Achtung vor dem Schachspiel und dem Stierkampf.

Deswegen muß ich hier eine kleine Geschichte erzählen, die von Stieren, aber auch von Altern und Abschied handelt. Nicht daß ein Stierkämpfer irgendwann aufhört, weil er nicht mehr kann oder nicht mehr will, ist daran das Besondere. Sondern daß es sich um Antonio Chenel handelte, genannt *Antoñete*, den damals neunundsechzig Jahre alten spanischen Matador, der dafür berüchtigt war, sich immer wieder in die Arena zu schleppen, um es mit dem Stier noch einmal aufzunehmen. Jedenfalls sagte Antoñete im Sommer des Jahres 2001 einer spanischen Zeitung, für ihn sei endgültig Schluß. Zufällig habe ich die Szene, die zu seiner Entscheidung geführt hat, am Fernseher miterlebt. Es war eine bittere und traurige Szene, zu ernst, um peinlich zu sein, zu nah am Tod für die Burleske.

Sonntag, ein später Nachmittag im Juli bei der Feria von Burgos. Antoñete kämpft gegen seinen ersten Stier. Es ist heiß, man sieht die Adern an den Schläfen des Toreros hervortreten. Die wenigen Strähnen, die auf seinem mächtigen Schädel glänzen, sind zurückgekämmt wie eine viel vollere Frisur, die sie noch ahnen lassen. Ohne jeden Zweifel der Kopf eines alten Mannes, ein Reptilienkopf, in dem viel Wissen aufbewahrt ist, aber kein Schulwissen, dazu Willenskraft, Zehntausende von Figuren, die der Körper vollführt hat, zahllose Bilder von Sand, Blut, Pferden und nassen Stierrücken. Das prächtige Kostüm des Matadors lenkt ein wenig von seiner kuriosen Figur ab: Unten schauen schmale, geradezu zierliche Beinchen hervor, oben wölbt sich eine ebenmäßige, mittelgroße Tonne, gegürtet und geknöpft, die im Sonnenlicht funkelt.

Auch der Laie ahnt beim Zuschauen den Instinkt, die Routine aus Jahrzehnten. Antoñete muß sich kaum bewegen, um den Stier ins rote Tuch zu locken. Er läßt ihn provozierend dicht an sich vorüberstürmen, wiegt sich ein wenig in den Hüften, um das Ausweichen anzudeuten, schiebt einen zierlichen Fuß beiseite, damit der Stier abermals ins Leere rennt, abbremsen muß, wendet und zurückkehrt. In diesen Sekunden, glaubt man, hätte der Kampf auf einem Kanaldeckel Platz. Es ist aber kein Bild des Stolzes, das Antoñete bietet, schon gar nicht des Hochmuts. Sein Körper und sein mitgenommenes Gesicht sind über all das längst hinaus. Der Rumpf ist ja tatsächlich ein Faß, was auch die funkelnden Stickereien nicht kaschieren, und das Gesicht mit der pergamentenen Haut des Kettenrauchers wirkt angestrengt, gequält, fast so, als müßte Antoñete vom Stier den Todesstoß erwarten und nicht umgekehrt. Jetzt sieht man auf seiner Stirn dicke Rinnsale von Schweiß. Die schmalen Lippen sind zusammengepreßt, sie machen einen mißlaunigen Eindruck, wie das bei alten Männern leicht der Fall ist. Wahrscheinlich zeugt die Mimik aber von eiserner Konzentration.

Und Antoñete ist zweifellos hoch konzentriert, zeigt noch einige *verónicas*, wie man die Figuren nennt, und rüstet sich gegen den müde gewordenen Stier zur *estocada*, dem finalen Stoß mit dem Degen. Nur daß auch Antoñete müde geworden ist, was das Publikum zu spüren scheint. Bei der Vorbereitung auf den Todesstoß ruht die Kamera immer frontal auf dem Gesicht des Matadors, der die Waffe hebt und den Stier noch einmal fixiert, ein Moment höchster Sammlung vor den entscheidenden Bewegungen, die das Paradoxon des Stierkampfs herbeiführen: Es besteht darin, daß der einzige bewaffnete Angriff des Toreros auf den Stier zugleich den Moment seiner (des Toreros) höchsten Gefährdung darstellt, jenen einen Sekundenbruchteil, in welchem eine überraschende Drehung des gehörnten Kopfes, ein Zucken nur im Körper dieses mächtigen Tieres, eine Wunde von der Länge einer Weinflasche reißen kann.

Was wir in Antoñetes Zügen lesen, während seine Augen sich weiten und die Degenspitze einen Augenblick in der Luft zittert, bevor sie sich senkt, ist nicht ermutigend: Es ist Erschöpfung, Bedrängnis, der unabweisbare Eindruck von körperlicher Qual. Wie ernst es wirklich um ihn steht, ahnen wir nicht einmal, denn nun schwebt der erhobene Degen voran, Antoñete geht zum Angriff auf den Stier über und sticht zu.

Es gibt verschiedene akzeptable Winkel, in denen der Degen in den Stier eindringen darf, aber Antoñete trifft keinen von ihnen. Sein Degen steckt seitlich, unsauber und unklassisch: Der Stier ist benommen, bleibt jedoch auf den Füßen. Auch der Matador ist benommen. Für Momente gleichen sie sich, Stierkämpfer und Stier, stehen etwas hilflos in der Arena und wissen nicht, wie es weitergehen soll. Da verzieht Antoñete das Gesicht und greift sich an die Brust, wankt zur Balustrade, lehnt sich an, blickt kurz nach oben, als käme von dort die Antwort auf eine Frage, die er noch gar nicht gestellt hat; dann sinkt er zusammen, während Helfer herbeieilen und verhindern, daß er fällt.

Anderntags steht in der Zeitung, auf der Stierkampfseite, daß Antoñete die Nacht wegen akuter Atem- und Herzschwäche im Krankenhaus von Burgos verbringen mußte. Und dann sehe ich ihn acht Tage darauf in einer Talkshow im Fernsehen, mit Anzug und Zigarette. Seine Stimme ist leise, die Augenlider hängen herab, und die Haut ist immer noch wie Pergament. Die Stiere haben ihm eben alles gegeben, sagt er, sie sind sein Leben, er selbst. Deshalb kann er nicht von ihnen lassen.

Im Lauf seiner Karriere hat er siebenunddreißig Brüche davongetragen. Die ihn kennen, erzählen, er habe so lange weitergekämpft, weil er großzügig sei und Geld für seine zahlreiche Familie brauche. (Der jüngste seiner sieben Söhne ist zweieinhalb.) In der Zeitung ist ein Bild zu sehen, das ihn beim Füttern eines Zuchtstiers auf seinem Landgut zeigt: Er sitzt da, blinzelt in die Sonne, und dicht vor seinen Füßen wühlt ein mächtiger Kopf mit langen, spitzen Hörnern nach Heu. Dieser Stier, sagt Antoñete, sei ein guter Freund geworden, sie hätten schon Unterhaltungen miteinander geführt. Aber daß er endgültig mit dem Stierkampf aufhöre, das müsse er ihm demnächst bei einem Spaziergang erzählen.

Schicksal in Zentimetern

Es gibt ein Spanien außerhalb Spaniens, einen arabisch-afrikanischen Restbestand alter Kolonialträume. Die beiden spanischen Protektorate in Nordafrika heißen Ceuta und Melilla. Wenn Sie die Orte nicht auf der Reiseliste haben, werden Sie auch nicht so schnell hinfahren. Umgekehrt gibt es ein Fleckchen der spanischen Landmasse, das nicht zu Spanien gehört, und das ist Gibraltar. Theoretisch besteht zwischen Ceuta und Melilla einerseits und Gibraltar andererseits ein Zusammenhang. Denn beide sind im völkerrechtlichen Sinn anachronistisch. Aus Gründen, die mit nationalem Egoismus zu tun haben, beklagt sich Spanien nur über den frechen Anachronismus Gibraltar, während es seine nordafrikanischen Besitzungen Ceuta und Melilla ganz normal findet.

Stellen Sie sich Folgendes vor: Sie fahren durch Andalusien, dort, wo es ärmlich und etwas verkommen ist. Hohe Arbeitslosigkeit, Leute in Turnschuhen und Trainingsanzügen, Überfluß herrscht nur an Sonne und Staub. Plötzlich, an einer Straßensperre, hört Andalusien auf. Eine lange Autoschlange wartet darauf, die Sperre passieren zu dürfen. Als Fußgänger (was der empfehlenswertere Weg ist) läuft man einfach an den Autos vorbei. Das erste, was man überqueren muß, ist ein Rollfeld, auf dem alle paar Minuten Flugzeuge landen. 1909 wurde der dünne

Streifen ehemaligen Niemandslandes von den Briten besetzt und nie mehr hergegeben. Ist ein Flugzeug gelandet,
springt die Ampel auf Grün, und die aus der spanischen
Grenzstadt La Línea de Concepción Kommenden überqueren das Rollfeld, um zu den Zollgebäuden zu gelangen. Merkwürdig? Kein bißchen. Sie sind im Begriff, Gibraltar zu betreten.

Gibraltars örtliche Maskottchen sind Affen – kleine
schwanzlose Gesellen, die sich in den letzten Jahren etwas
unkontrolliert vermehrt haben, weil es keinen britischen
Affenbeauftragten mehr gibt. Das ist seit dem Ende des
Kommunismus die Lage Gibraltars: Die Briten haben es
und wären es gern los, auch wenn sie es nicht offen sagen;
die Spanier wollen es übernehmen, wurden bisher aber
abgewiesen; und die Gibraltarener fordern lautstark
Selbstbestimmung. Sie berufen sich auf den Vertrag von
Utrecht aus dem Jahr 1713, mit dem Spanien die Annexion
Gibraltars durch die britische Krone anerkannte. Andererseits hat Spanien auch das erste Zugriffsrecht, sollte Großbritannien seiner ehemaligen Kolonie einst überdrüssig
werden. Schon öfter hat das spanische Außenministerium
dem sechs Quadratkilometer großen Gebiet im Süden der
Iberischen Halbinsel einen erweiterten Autonomiestatus
angeboten; fünfzig bis hundert Jahre lang, so die Idee,
würden Großbritannien und Spanien gemeinsam die Souveränität ausüben. Gibraltar wies den Vorschlag entrüstet
zurück.

Die Miniatursoziologie dieses Ortes läßt sich mit wenig
vergleichen. Die Amtssprache ist Englisch, auf englisch erscheint auch die einzige Tageszeitung, der *Gibraltar Chro-
nicle*. Zu Hause und unter Freunden wird meist Spanisch
gesprochen. Die beiden Sprachen haben sich vermischt

und bilden ein Drittes, das sich *Llanito* nennt. Bezahlt wird in Gibraltar mit britischen Pfund, auch Euro und amerikanische Dollar werden angenommen. Auf engstem Raum leben Marokkaner, Spanier, Italiener, Engländer und sephardische Juden. Alles ist ein »Sowohl als auch«, ein mediterraner Mix unter einer dünnen Schicht importierter britischer Gepflogenheiten. Strahlend blauer Himmel, dazu die Main Street mit ihren Bookshops und Tea Rooms.

Alles an Gibraltar ist einzigartig, die Lage, die Geschichte, die symbolische Bedeutung, der Anspruch. Was Wunder, daß die Leute hier nur eines fürchten: Veränderung. Nicht von ungefähr stilisiert sich der Affenfelsen zu jenem kleinen gallischen Dorf, das listig dem Ansturm der tumben Römer trotzt. Wie den Zaubertrank des Miraculix verabreicht er sich patriotische Übungen, etwa einen *National Day* am 10. September, der eines glorreichen Referendums der Einheimischen gegen Spanien in den neunziger Jahren gedenkt. Statt der Wildschweindüfte von Obelix' Tafel steigen bei dieser Gelegenheit dreißigtausend rot-weiße Luftballons in den Himmel. Doch der Asterix-Vergleich hinkt, denn Gibraltar ist nicht unabhängig. Die Rede geht von größtmöglicher »Selbstbestimmung«. Ihr Maß hängt nicht von zwei, sondern drei Parteien ab, und nicht immer wird die Asterix-Partei so konsultiert, wie sie es gern hätte.

Eigentlich muß die spanische Demokratie noch heute für Francos Brutalität bezahlen. Nachdem in der Präambel der Verfassung von 1969 festgehalten worden war, Gibraltar könne nur mit der Zustimmung seiner Bevölkerung aus britischer Souveränität entlassen werden, ordnete der Diktator an, die Grenze zu schließen. Damit weckte er schlummernden Widerstandsgeist. Gibraltar benannte sich von »Kolonie« in »abhängiges Territorium« um. Darüber hinaus demonstrierte die Seefestung Gibraltar beflissen ihre Wehrhaftigkeit. Die Ruhmestaten reichen ja auch weit zurück. 1779, während der »großen Belagerung«, verteidigten kaum siebentausend Mann das Gebiet gegen eine erdrückende spanische Übermacht, die aus Pistolen, Musketen und Kanonen rund 250 000 Schüsse auf Gibraltar abfeuerte.

Der Kampf gegen Franco, zweihundert Jahre später, war von anderer Art: zäher, geräuschloser Widerstand. Sechzehn Jahre lang blieb der Übergang nach La Línea für den Autoverkehr geschlossen. Erst die Sozialisten unter Felipe González, die Spanien in die Europäische Union zu führen gedachten, setzten 1985 der wirtschaftlichen Schikane ein Ende. Doch da war das Nein Gibraltars zu Spanien längst besiegelt. Seitdem hat Pragmatismus oft über Prinzipien gesiegt. Beide Seiten, die ärmere spanische und die wohlhabendere gibraltarenische, nehmen und geben einander soviel, wie es die Spielregeln erlauben. Sie sehen, sprechen und heiraten einander. Über Religion gibt es wenig zu streiten, denn beide sind katholisch. Zum Einkaufen und in den Urlaub fahren die Bewohner des Affenfelsens über die Grenze, während es spanische Arbeitskräfte täglich herüberzieht. Kein idealer Zustand, aber eine Verbindung mit Schlupflöchern.

Es sind auch die wirtschaftlichen Segnungen seines Sonderwegs, die Gibraltar nicht aufgeben will. Das Territorium hat 27 000 Einwohner, etwa soviel wie Goch am Niederrhein. Auf der Main Street wimmelt es von Duty-Free-Shops, nicht gerade ein Zeichen von Geschäftsbeziehungen, wie die Europäische Union sie sich vorstellt. Das moderne Finanzzentrum Gibraltars steht auf 350 000 Quadratmetern Land, das 1990 dem Meer abgerungen wurde. Ein Steuerparadies mit Riesenwaschkraft. Die Machtbefugnisse des »Ersten Premierministers« sind übrigens beschränkt: Außenpolitik, Verteidigung, innere Sicherheit und finanzielle Stabilität Gibraltars sind Sache des britischen Gouverneurs, der von der Königin ernannt wird. Neuerdings ist das nicht mehr ein Militär, sondern ein Diplomat. Und weil Diplomaten gern Golf spielen, zieht es den Gouverneur immer wieder über die Grenze nach Spanien.

Gibraltar selbst ist zum Golfspiel zu eng. Jeder Quadratmeter ist kostbar. Winzige Plateaus und in den Felsen gehauene Gassen, von Hühnerställen und Wäscheständern bedrängt, arbeiten sich in Zickzacklinien bergan. Der Felsen, *the Rock*, ist von Tunneln durchzogen und mit aufgegebenen Militäranlagen gespickt. Eines Tages, so der Traum, könnte in einem der leeren Gebäude die erste Universität Gibraltars entstehen. Bemerkenswert ist die niedrige Verbrechensrate – ein einziger Mord in zwanzig Jahren. Wen soll man auch bestehlen, wenn man von Zeugen umgeben ist, die ständig zurückwinken?

Joe Bossano, der Sozialist und frühere Regierungschef, verkörpert die alte Generation der Bewohner Gibraltars, einige tausend Leute, die im Zweiten Weltkrieg von hierhin nach dorthin geschubst wurden und sich heute verbissen an ihre prekäre Mischlingsidentität klammern. Für Bossano liegt im Lebensstil Gibraltars die Antithese zum westeuropäischen Streben nach Mobilität. »Sehen Sie die Affen«, sagt er. »Wie sie leben wir in kleiner Zahl an einem kleinen Ort. Wir erkennen uns, sobald wir uns sehen oder berühren.« Wohl wahr. Wer ein Wochenende auf dem winzigen Territorium verbringt, hat viele Bewohner mehrmals gesehen. Abends, in den Bars und Restaurants der Main Street, kann man gar nicht vermeiden, früheren Gesprächspartnern wieder zu begegnen. Einmal habe ich auf diese Weise Joseph García kennengelernt, den jungen Führer der Liberalen Partei Gibraltars. Wir haben zusammen eine Pizza gegessen, und der schwarzhaarige junge Mann (viel jünger als unser Westerwelle) hat mir erzählt, warum der gegenwärtigen Regierung Gibraltars nicht zu trauen sei. Da wußte ich aber schon, daß alle Politiker in Gibraltar meinen, außer ihnen selbst sei niemandem zu trauen.

Seit längerem schon suchen Spanien und England nach einem Weg, den historischen Zankapfel aus der Welt zu schaffen. Das heißt, Gibraltar könnte erst halb, dann ganz spanisch werden. Die Bevölkerung aber wird nie damit einverstanden sein. Würde heute ein Referendum abgehalten, überträfen die Ergebnisse sogar die Phantasieziffern eines Honecker-Regimes. Nichts ist sicher außer dem einen: Das »überseeische Territorium«, wie die ehemals letzte Kolonie auf europäischem Boden seit dem Jahr 1998 offiziell heißt, wird kämpfen bis zum letzten Mann.

Rilke mit Entenbrust

Von dort unten, Gibraltar, könnten Sie hübsch wieder nach oben fahren. Zum Beispiel durch das andalusische Bergland. Wir haben das mal an einem Tag im späten Mai gemacht. Abends, nach einsamen, gewundenen Serpentinen, waren wir dann in Ronda. Wenn Sie den Namen laut sprechen, schwingt darin etwas vom Temperament des Ortes mit. Als wir ankamen, zog gerade mit Trommeln und Trompeten eine Prozession durch die Straßen, und natürlich glaubten wir, das sei für uns. In deutschen Reiseführern steht unter dem Stichwort Ronda: »Wo Rilke im Winter 1912 / 13 die sechste Duineser Elegie schrieb«. Richtig fertig war sie aber erst zehn Jahre später. Wahrscheinlich sind wir die einzigen Deutschen, die in Ronda nicht Rilkes Hotelzimmer besichtigt haben, und schuld daran war Ronda selbst, das den Lyriker zu Versen inspiriert, während andere nur mit stummer Ergriffenheit in die Tiefe gucken.

Die kleine Stadt, die schon Plinius erwähnt, die schönste der sogenannten »weißen Städte«, liegt atemberaubend malerisch auf zwei schroff aufragenden Felsen, die oben durch eine Brücke verbunden sind (ihr Architekt ist selber hinabgestürzt, als ihm der Wind den Hut vom Kopf riß und er den Hut wiederhaben wollte). Vom Felsplateau aus geht es hundertdreißig Meter senkrecht abwärts. Einen

Steinwurf entfernt, unmittelbar am Abgrund, steht ein Parador, und wenn man Glück hat, bekommt man ein Zimmer mit diesem unglaublichen Blick hinaus und hinab, wo sich tief unten der Fluß Guadalevín, nachdem er aus der Schlucht getreten ist, ganz klein und schläfrig im Nachmittagslicht rekelt.

Beim Abendessen im Restaurant *El Escudero*, das direkt an der Felskante liegt, sprechen wir gar nicht von Rilke. Vom Garten aus, in dem wir sitzen, schaut man ins weite Land und sieht den Vögeln bei abendlichen Flugübungen zu. Zwei Tische weiter hat sich eine amerikanische Reisegruppe versammelt, vier Frauen und vier Männer, Ehepaare wie von John Updike. Alle tragen Polohemden, kurze Hosen und Turnschuhe. Niemand raucht. Wahrscheinlich wissen die vier Paare nicht, daß die strategisch gelegene Bergstadt Ronda um die Mitte des neunzehnten Jahrhunderts eine Hochburg des Tabakschmuggels war.

Bei der zweiten Vorspeise – gegrilltem Ziegenkäse mit Apfelscheibenringen auf Salat, dann Garnelen und Muscheln mit warmem Rhabarber – stören die Amerikaner kaum. Rhabarber ist in Spanien ja eine Seltenheit, und daß wir ihn so weit oben auf dem Felsen essen, macht ihn noch kostbarer. In der Ferne schmettern die Bläser der Prozession, hoffentlich beunruhigt das die Fledermäuse nicht. Plötzlich ein Geräusch von irgendwoher, wir stehen auf und treten an die Brüstung, da knattert wenige Meter vor unseren Augen ein Motorgleiter vorbei, ein fragiles Ding mit einem behelmten Männchen darin. Das Männchen wendet, wir glauben sein triumphierendes Lächeln mit einer Beimischung von Frechheit zu sehen, es kehrt zurück, »ins Glück seiner süßesten Leistung«, wie Rilke sagt, es hält direkt auf die Felskante zu und dreht sich im letzten

Moment seitlich weg. Dann fährt er parallel zur Felskante, wo wir stehen und staunen, er drosselt den Motor, schwenkt sein Fluggerät um 180 Grad herum und schießt steil nach unten in die Tiefe. Und jetzt erst wissen wir wirklich, daß wir in hundertdreißig Meter Höhe speisen.

Als der Hauptgang kommt, geht die Sonne unter, und die Entenbrust mit Apfelmus ist in warmes Licht getaucht. Auch Apfelmus ist in Spanien eine Rarität; während wir es angemessen würdigen, treten zwei Männer in den Garten, den identischen Silhouetten nach Vater und Sohn, jedenfalls auch Amerikaner, wie sich wenig später herausstellt. Die beiden machen alles anders als die Updike-Ehepaare: Sie tragen lange Hosen, warten geduldig darauf, daß der Kellner sie zum Tisch führt, von wo sie einen erstklassigen Blick auf die Flugkünste des Motorgleiters hätten, wenn er noch einmal vorbeigeknattert käme, und am Ende ihres Essens, mit dem sie offenbar zufrieden sind, lassen sie sich sogar Zigarren bringen, inhalieren aber nicht. Und dann fällt die Nacht endgültig, die Falter kommen, die Trompeten tröten nur noch vereinzelt, jemand kann die Finger nicht von seinem Instrument lassen, obwohl die anderen schon einpacken, auch eine entfernte Trommel macht noch einmal »Bumm«.

Man darf die Amerikaner nicht dafür verurteilen, daß sie Rilke wahrscheinlich nicht kennen; auch unser englischer Reiseführer, *The Rough Guide to Andalucía*, kennt ihn nicht. Dafür erzählt das Buch von Hemingway und Orson Welles, die in der *plaza de toros* von Ronda, der ältesten Stierkampfarena Spaniens (wir speisen gleich nebenan), den großen Antonio Ordóñez gesehen haben. Es war der aus Ronda gebürtige Pedro Romero, der hier im achtzehnten Jahrhundert den modernen Stierkampf begründete, indem er für die Corrida zu Fuß statt zu Pferde die Richtlinien aufstellte; die meisten gelten noch heute. Die Asche von Orson Welles übrigens ruht ganz in der Nähe, auf dem Gut seines Freundes Antonio Ordóñez; und als dieser im Dezember 1998 ebenfalls starb, betrauert in ganz Spanien, wurde seine Asche in der Arena von Ronda verstreut.

Wovon spricht Rilke eigentlich in der sechsten Duineser Elegie, fragten wir uns später, wovon spricht er vielleicht ganz ohne Neben- und Hintersinn, so daß noch niemand darauf gekommen ist? Zwei Verse scheinen sich auf Leute zu beziehen, die wir kennen. *Wenigen steigt so stark der Andrang des Handelns, / daß sie schon anstehn und glühn in der Fülle des Herzens ...* – wer, der in Ronda zu Abend gegessen hat, würde in diesen »Wenigen« nicht die Kellner unseres Restaurants erblicken, die uns so tadellos bedient haben, uns Raucher und Nichtraucher, in langen und in kurzen Hosen?

Spanien in Büchern: Empfehlungen zum Schluß

Es hat mehrere Jahre gedauert, bis mir eine der schlichtesten Wahrheiten, die Spanien bereithält, ganz ins Bewußtsein gedrungen war: daß die von Spaniern geschriebenen Reiseführer wenig taugen. Das liegt weniger an Unvermögen oder böser Absicht als am falschen Verhältnis zum Gegenstand. Da die Spanier von ihrem eigenen Land mit Recht begeistert sind, bestimmt diese Begeisterung auch ihre Haltung, wenn sie sich an das Verfassen von Reiseführern machen. Mit nichts aber kann man einem Leser, der sich ein wenig Ironie und Distanz wünscht, mehr auf die Nerven gehen als mit grundsätzlicher Bejahung und hemmungslosem Enthusiasmus.

Wohltuend dagegen ist die leicht unterkühlte Beschreibungskunst der Briten, die ohnehin auf eine lange Tradition der Spanienbeobachtung zurückblicken können. Wer sich nicht daran stört, daß er meist die billigsten Herbergen empfohlen bekommt, ist mit dem *Rough Guide to Spain* von Mark Ellingham und John Fisher, der alle paar Jahre aktualisiert wird, gut bedient (Vertrieb durch Penguin Books). Auf deutsch gibt es leider nichts, das dieselbe Vollständigkeit erreichen würde. Aber in der Reihe der dumont-Reisetaschenbücher sind sehr klar gegliederte und vernünftig geschriebene Bände zu einzelnen spanischen Regionen und Städten erschienen.

Obwohl das vorliegende Buch auf Fußnoten verzichtet, wäre es ungerecht, nicht einige der Werke zu nennen, die meine Kenntnisse bereichert und meinen Blick für spanische Phänomene geschärft haben. Dem literarisch und historisch Interessierten empfehle ich Hans Christian Andersens Bericht *In Spanien* aus dem Jahr 1863 (Rotbuch) sowie *Sonnentage* von Martin Andersen Nexö, erstmals erschienen 1903 (Aufbau Verlag). Daß diese Werke von nordischen Schriftstellern stammen, ist vielleicht kein Zufall; ihrer literarischen Könnerschaft gesellt sich etwas Wesentliches hinzu: die Fähigkeit zu staunen.

Die Bedeutung des Spanischen Bürgerkrieges für den weiteren Verlauf des zwanzigsten Jahrhunderts, aber auch für die Mentalität des modernen Spanien kann kaum überschätzt werden. Neben George Orwells klassischem Buch *Mein Katalonien* aus dem Jahr 1938 (Diogenes) sei auf den Augenzeugenbericht von Franz Borkenau, *Kampfplatz Spanien* (Klett-Cotta), sowie die Erinnerungen des Engländers Laurie Lee mit dem Titel *Ein Moment des Krieges* (Berlin Verlag) verwiesen. Überschaubare historische Darstellungen des modernen Spanien liefern Walther L. Bernecker in *Spaniens Geschichte seit dem Bürgerkrieg* (C. H. Beck) und Raymond Carr mit *Modern Spain, 1875–1980* (Oxford University Press).

Was die siebziger Jahre und den Übergang zur Demokratie betrifft, steht mit den gesammelten Reportagen, Artikeln und Kommentaren des Spanien-Korrespondenten der *FAZ*, Walter Haubrich, eine Quelle zur Verfügung, die an Beschreibungsniveau und Vollständigkeit ihresgleichen sucht. Haubrichs dreibändiges Werk *Spaniens schwieriger Weg in die Freiheit* (edition tranvía) stellt eine erlebte Geschichte der spanischen Gesellschaft zwischen 1973 und

1979 dar. Wer sich wiederum für Einzelphänomene des Landes wie Politik, Medien, Kirche oder Bildungssystem interessiert, ist gut beraten, der eleganten Schilderung von John Hooper in *The New Spaniards* (Penguin) zu folgen oder sich in das fettleibige Handbuch *Spanien heute* zu versenken, herausgegeben von Walther L. Bernecker und Klaus Dirscherl (Vervuert Verlag). Ein scharfsinniges Reisebuch und Anti-Idyll, bisher nur in spanischer Sprache, liefert José María Ridao in *El pasajero de Montauban* (Galaxia Gutenberg / Círculo de Lectores).

Mit großer Wahrscheinlichkeit hängt der Boom der jüngeren spanischen Literatur in Deutschland an einem einzigen Buch, dem Roman *Mein Herz so weiß* von Javier Marías (Klett-Cotta). Was bisher noch keines Kommentars würdig war, ist der bemerkenswerte Umstand, daß die Literatur des Landes mit diesem Werk im doppelten Sinn international geworden ist. Nicht nur wurde *Mein Herz so weiß* in rund dreißig Sprachen übersetzt, der Roman scheint auch das urbane Gegenbild einer in sich selbst versponnenen spanischen Literatur zu sein, von deren Vertretern das übrige Europa selten Notiz genommen hat.

Schon einige Jahre vorher hat sich Julio Llamazares mit seinem Roman *Wolfsmond* (Suhrkamp) auf deutsch vorgestellt, und der autobiographische Band *Stummfilmszenen* sowie seine schönen Reise-Essays zeugen von der Vielseitigkeit dieses Schriftstellers. In einem Stück über die Hauptstadt Spaniens schreibt Llamazares (der selbst aus der Provinz León stammt), Madrid fordere von niemandem einen Familienstammbaum, weil die Stadt selbst keinen habe. Vielleicht lassen sich deshalb so viele Fremde hier nieder und erliegen schon nach kurzer Zeit der Illusion, sie seien zu Hause.

Bereits erschienen:
Gebrauchsanweisung für…

01/0002/06/L

01/0002/06/R

PIPER

Birgit Vanderbeke
Gebrauchsanweisung für Südfrankreich

174 Seiten. Gebunden

Pont du Gard, pittoreske Natursteinhäuser und blühender
Lavendel, das ist Südfrankreich. Nicht ganz. Denn wußten
Sie beispielsweise, daß »Gekochtes Wasser« zu den Spezialitäten der provençalischen Küche gehört? Daß sich die
meisten Bewohner dieses Landstrichs seit Jahrhunderten
weigern, an die Zentrale in Paris Steuern zu entrichten?
Oder daß noch immer ein Konfessionsstreit über den
Erfinder der schmackhaften Cassoulet geführt wird?
Mit genauem Blick und der ihr eigenen feinen Ironie
schreibt Birgit Vanderbeke über die Leute im Süden Frankreichs, über ihren Eigensinn und ihre Fahrkünste, über
Trüffelmärkte und den Ramadan in Marseille. Eine Liebes-
erklärung an eine der wundervollsten und zugleich vielfäl-
tigsten Regionen Frankreichs.

01/1122/01/L